百見は一験に如かず

共存から共生へ
一人の教育実践者を追って

山﨑 滋　[著]

多田 孝志　[監修]

三恵社

森　泰さん

推薦のことば

多田孝志

　人と人とが出会うということは、限りない可能性を秘めています。不思議な偶然が出会いをもたらします。その偶然を一笑に伏するか、何か意味を見出すかで、その後の人生は大きく変わっていきます。

　26年前、全国各地の優れた教育実践者との対話を求めて、言わば武者修行の旅をしました。そのある日、広島から中国山地を超えて松江に入りました。

　そこで出会ったのが、森泰先生をはじめとする、島根県教育界の野武士集団でした。自立心が高く、進取の気風豊かな教師たちでした。やがて、その後の長年の交流を通して、その野武士たちは内面に、教育実践の理想を探究していこうとする気高い精神、そして人間としての真の教養と品格を持つ人々であることに気づかされました。その野武士集団を率いる棟梁（統領でなく）が森先生でした。

　本著には、その森先生が教育者として、人間として生きてきた足跡が生き生きとした筆致で描かれています。

　全編の壮大な物語を読了するとき、森先生は人と人との縁をつくる達人であったとの思いが起こります。本著に紹介されている多様で、かつ心に残るエピソード群を読むと、森先生が教育実践者として生きてきた道の途上には、縁によって吸い寄せられた、多くの同走者が現れていることが分かります。人々は、森先生に促され、励まされ、あるいは、指針を示され、いつの間にか先進的な教育実践の道を共に走ってきている

のです。

　この野武士集団の特色は、フットワークの良いフィールドワーク的な知の在り方にありました。現代社会の様々な問題に応えるべく、いつも頭脳と体を動かし続け、机上の空論でなく、事実として学習者が感動し、知的好奇心を高め、自らの頭で考える喜びを感得しつつ、課題を探究する教育実践を創造することを目指していました。森先生自身が移動しながら走り回る知の整体師でした。人々の堅い思考を揉みほぐし、思考のよどみをスムーズにしていきました。

　そうした中に、常に森先生に伴走する人がいました。伴走とは、競技者のそばについて走り、走路や給水所の位置を知らせ、安全に走行が行えるようにする人です。本著の著者山﨑滋先生は、森先生にとってまさに伴走者であったのではないでしょうか。

　森先生は剛毅さとともに、繊細な精神を持つ方のように推察します。大胆かつ勇気ある発想で、未開の道を走っていこうとします。その折節に、多分、悩んだり、戸惑ったりしたことが多々あったに違いありません。そんな時、聡明にして、森さんの気質を熟知していた山﨑さんの助言が、森先生にとって何よりの安心をもたらしたに違いありません。

　「人と人との出会い」により、「何か意味を見出す」その見出すものとはいったい何なのでしょうか。それは人と人とが支え合って生きているということ、人との出会いが互いに人生を豊かにしていくということではないでしょうか。このような人と人との関わりを、「共生観を基調とした人間関係」と呼ぶとすれば、森さんにとっては山﨑さんこそ、共生を基調に真に信頼し合い、支え合う同胞であったのでしょう。

よき理解者、伴走者を持つことは人生の至高の悦びです。さらに多くの同走者が共に走り、歩んでくれることは、至福をもたらします。

　本著は、森泰という、稀代の教育実践者のライフ・ヒストリーであるとともに、伴走者山﨑滋先生、そして森先生と縁を持った、仲間たちとが織りなした発見と感動と時折笑いのこめられた、教師たちの物語なのです。

　精緻かつ広範囲な資料にもとづく労作です。きっと我が国の教育実践史の第一級の資料として読み継がれていくと確信します。

　　初夏の到来が感得できる早朝に、
　　　　世界の大変革時代の到来を予感しつつ

丸木舟づくり

はじめに

　「森泰さん」、この愛すべき人の名をご存じでしょうか。島根県内の小学校及びジッダ（サウジアラビア）とローマ（イタリア）の日本人学校で、教師として子どもたちのために、先進的な教育実践に取り組んだ人です。定年退職後は、地元の松江市城西公民館で名物館長として 17 年間在職し、今年の 3 月末退職されました。7 月には 78 歳となり、なお元気いっぱいで地域活動の中心的存在です。

　多様な視点からの発想と豊かな表現力にあふれ、企画した事業に他者を巻き込むことに長けている人でもあります。有言実行で、とにかく破天荒なところがあるが、決して衝動的な言動はなく、計算し尽くされた慎重さがその行動の基盤にあります。独創的な企画や魅力的な活動が多く、島根県内では良くメディアに取り上げられるので、かなりの有名人ですが、県外ではまだよく知られていないと思われます。しかし、活動はしっかりと地域に根を下ろしながら、その目はいつも全国どころか世界を見据えています。教育実践者として、そして地域活動のリーダーとして、多くの皆様に是非知っていただきたい方です。

　森さんについて語る前に、どうしても森さんとの関りが深い、ある人のことについて触れておかなければなりません。その人とは、多田孝志さんのことです。森さんと私たち（森グループ）が初めて多田さんに出会ったのは、26 年前の 1994 年の夏、多田さんを島根に招聘して、国際理解教育について講演をしていただいた時のことです。当時多田さんは東京の目白学園中・高校の教諭でした。その後目白大学教授を経て、現在は金沢学院大学教授で、共創型対話学習研究所の所長でもあります。多忙な公務の傍ら文部科学省の諮問機関等の各委員や、ユネスコの日本

7

代表として国際舞台でも活躍するなど、国内外で年間 100 回以上の講演をこなし、日本の教育を牽引している第一人者の一人です。また、著書も多数で研究者であると同時に、全国各地を飛び回り、講演だけでなく小・中学校に飛び入りで授業をするなど実践家として知られ、これこそが多田さんの最大の魅力でもあります。

　多田さんは、私たちが初めて会ったその時以降、毎年欠かすことなく 26 年間にわたって年に 2 〜 3 回は、島根を訪問しておられます。森さんが中心となって組織化した教育研究グループや、その会員が所属する学校を訪問し、授業研究の指導や講演を繰り返し続けているのです。実践研究のために島根に来県された回数は、既に 100 回近くに及びます。全国各地に同じように多田さんを招聘している地域があると聞いていますが、教員対象のこのような講演の多くは、普通 1 回だけで完結です。好評だったものでもアンコールで数回の追加というところでしょう。この事実一つを見ても、如何に多田理論と実践が素晴らしいものであり、森グループのメンバーがこれとつながり、学び続けているかお分かりいただけると思います。多田さんは基盤となる確個とした理論や実践のもと、常に新しい知見や研究成果、実践事例を取り上げて、具体的に話をされます。だから聴き手は、何十回聴いても、いつも新鮮に感じます。それに現場の教師だけでなく、一緒に聴講した地域住民の方も、「多田先生の講演ならまた聴きたい」と言われます。

　その多田さんには、長年にわたり持ち続けているある想いがあります。それは、多田理論と実践を学び、授業改善を目指して研究し続けた森さんの実践や教育理論は、定年退職した今でも十分に通用するとの確信であり、教育界に大きな足跡を残し、教育実践者として生きてきた森さんの実践を、この際、単なる思い出話としてではなく、学術的な考察を加えて記録に残したいというものでした。

私が本著を書こうと思った理由は、多田さんの思いを受けてという部分もありますが、なにより私自身が森さんから学んだことが多くあり、ぜひ記録に残しておきたいと考えたからです。本文中には、森さんが関わった事象や、森さんの考えとして記述しながら、実際はそれにかぶせて、私自身のことや考えを述べている部分が多数あります。お読みいただいている途中で意味不明だとか、おかしいと感じられる部分が出てきたら、あるいはそういう部分だと思います。

　森さんは私にとって、大先輩ではありますが、日常的には友だちづきあいをしています。言葉遣いもぞんざいで、特に先輩とおつきあいをしている感じではありません。しかしそれは礼を欠いた後輩への森さんの寛容の心があるからであり、森さんらしいところの一つなのです。お互いに定年退職した今でも、肩の力を抜いて教育論議や地域活動についての論議をする機会はよくあります。

　とは言え、私には残念ながら森さんのかつての実践に、学術的な考察を加えて欲しいという多田さんの要望に、応えるだけの能力はありません。そこで、森さんの人となりや教育実践家としての取り組みについて、私の視点から章だてをし、森泰さん本人とその周りの人たちとの関わりについて述べることにしました。出来るだけ時代順に、事例ごとに記載しようとは考えましたが、必ずしもそうなっていません。重ねて申し上げますが、あくまでも、私の目で見て、五感で感じた森さんの姿ですので、森さん自身や周りの方々の感じ方や考え方と異なっていたり、ずれていたりする部分があるかと思います。横並びの視点や正面から向き合った視点だけではなく、斜め後ろからの視点が含まれていると言った方が良いのでしょうか。どうかそれはそれとしてご理解いただきますようお願いします。

なお、本文中には、たくさんの個人名が登場してきます。森さんが取り組んだ活動や、語ったことについて書こうとすると、どうしても何人かの人たちとの関わりについて、書く必要が生じてきます。その際、実名を出させていただくことで、私自身はより責任の重さを感じますし、読者の皆様には親近感を感じていただけます。そこで本著では、一部仮名、又は匿名で表記したところもありますが、故人を含め、基本的には実名を使わせていただきました。本来ならお一人お一人に、ご許可をいただくべきところでしょうが、どうぞお許しいただきますようお願いします。

　また本書の内容は、学校教育に関わる内容が中心ですので、できれば学齢期のお子様をお持ちの保護者の皆様方や、学校教育に関心をお持ちの、地域住民の皆様方にも読んでいただきたいと思い、専門用語や学校教育の関係者以外にはわかりづらい表現は、出来るだけ避けました。どうしても使わざるを得ない時は、これに少し説明を加えたカ所があります。あるいは、その説明が不適切だったり、不十分だったりするかも知れませんが、その点ご斟酌の上、ご一読いただけましたら幸いです。

目　　　次

堀川で本物体験を

第1章　サウジから面白い人が帰って来る

― 大胆で破天荒だが石橋を叩いて渡る人 ―

　「サウジから面白いもんが、帰って来うぞ」、と言うのが、この時門脇さんが発した実際の言葉だ。これに、「おべたはー」（おどろいたなー）と応じたのは、誰であったか？定かではないが、サウジから帰った森さんは、奥原さんの話を介して、次から次へと話題を振りまいてくれた。話はとにかく破天荒だが、石橋を叩いてわたるような用心深さの、両面を持っていた。

１．斎藤喜博さんの著作を読み直して

　森さんについて執筆するに当たって、戦後日本の教育界に偉大な足跡を残し、子どもたちの心に響く授業をしたいと真剣に願う日本中の教師の実践に、大きな影響を及ぼした斎藤喜博さんの「学校つくりの記」、「可能性に生きる」、「授業の展開」などの著書数冊を、書棚の奥から40年ぶりに取り出して来て読んだ。当時は私なりに共感を持って読んだものだが、中身はすっかり忘れてしまっていた。長い間日の目を見ることのなかったそれらのページを開くと、紙質は茶色くなってしまっているが、中身は色あせるどころかむしろ新鮮な輝きを放っており、今の時代でも教師が大切にしなければならないことが並んでいる。決して難しいことや面倒なことを言っているわけではない。しかし、改めて読み返すと、教師のバイブルだと言っても過言ではないくらい重みのある内容だ。なぜ長い間書棚にほったらかしにしていたのかと、悔やまれてならない。

　私は斎藤さんの著書の中に、ち密な計画性と大胆さを合わせて感じている。もとより私には、斎藤さんの理論や実践について多くを語れるだ

けの力はないが、かつては熱心な読者であった。著書の中には斎藤さんの教育に対する姿勢と、今も昔も教師に求められている大切なことが、たくさんちりばめられている。その一つが学校の中の様々な問題を公開の場で討議することである。言うは易しだが多くの問題を取り上げ、実行に移すには相当の勇気と覚悟がいる。徹底的に話し合うことで、問題を放置しないで議論を広げ、深めながら学校づくりを進める姿は、尊敬もするし、あこがれの存在だと感じる。翻って自分自身が歩んだ実践と比べると、痛恨の念に駆られる。

2．森さんは斎藤さんに、似たところがあるか

　「森さんにだまされた」と、冗談まじりに言う人は結構いる。一つのアイディアを出し、多くの人たちの意見を聞き、そのアイディアを膨らませる。実は森さんが人をだます（本当は違うのだが、ここではそういうことにしておく）のは、そのためであり、多くの人たちをだまし（意見を聞き）、そのアイディアを魅力あるものにしていくのだ。それは手法こそ違え、斎藤さんが学校内の問題点を徹底してみんなの前に引き出し、討論するやり方と、共通するところがあるように思う。正攻法では話に乗ってこない人でも、森さんの「ちょっとだけ」についつい乗せられ、深みにはまっていく。まさに森流の「仲間に誘い込むテクニック」であろう。

　では森さんには、斎藤さんと似たところがあると言って良いのだろうか。斎藤さんは、多くの保護者の学校教育に対する意識が、自分の子が良ければそれで良しとし、学級の他の子どもたちや、学校全体の教育がどうあれば良いのかまで及ばないことに心を痛めた。保護者の考え方を変えるために、教師たちの後押しをし、支援し、必要なら批判をし、すべての子どもたちが育つよう授業改善に力を注いだ。

森さんもそうだ。そこでいかにも森さんらしいのが、そのために地域の教育力をフルに活用したことだ。地域の教育資源や地域の人たちの持つ教育力を大切にし、またそれを生かし、多様な視点から学校や子どもたちを見ている。教諭として学級担任だった時代もそうであったが、校長として赴任したローマ日本人学校、八雲小学校、本庄小学校、法吉小学校の各校で「地域の先生」として関わった地域住民は数えきれない。

　森さんはまた、授業において「子どもの思考の連続性」を大切にする。初めから高いレベルの学習内容を求めるのでなく、最初は子どもたちに教材の持つ価値や魅力を感じ取らせるところからスタートし、子どもたちの意欲が高まってきたら、次第に質の高い課題を持たせていく。斎藤さんは森流とは必ずしも同じでは無いが、「子どもの思考の連続性を重視する」という点では共通しており、恐らくは斎藤さんを尊敬する森さんの方が共感したと考えた方が良いであろう。

　偉大なる教育実践者である斎藤喜博さんと森泰さんは、もとより比較の対象ではなく、教師の力を最大限に発揮させ、子どもの意思を大切にすることなど共通要素は多い。今でも「もう私のような老人が出る幕ではありませんが…」と謙遜した前置きをしながら、みんながあっというようなアイディアを出すので、こういう場合はよく聴いておく必要がある。この森さんの先見性や教育者としての識見、衰えない元教師としての力量や、教育資源としてのものの見方、終わることのない自身の知的探求心、（お爺さんなのにと言いながら）夢見る少年のようなバイタリティは、どこから出てくるのだろうか。

３．サウジから面白い人が帰ってくる

　1978年4月、あの時からもう42年という歳月が流れてしまった。いつもの通り、その年の3月中〜下旬ごろであったろうか、教職員の定期

人事異動の発表が行われた。正式の発令がなされる前に、内示が示されるのも例年の通りであった。

　当時30歳の私が勤務していた松江市立津田小学校は、元々は田園地帯の中にあり児童数もそんなに多くはなかったが、住宅地として人口が増え続けた結果、前年の4月には1,500名超のマンモス校となった。児童数削減のため、同校区内に古志原小学校を新設、半数近くの児童を移転させたばかりの学校だった。その学校が分離した年に津田小に異動した私は、4年生の担任を受け持った。学年主任の門脇節朗さんは、親分肌で、「山﨑さん、自分の信念で思い切りやれよ。応援するから」と言ってもらった。当時県内の中学校から異動してきたばかりの私にとっては、最高に信頼できる学年主任であった。

　その門脇さんが、人事異動により転入して来る教職員の中に、旧知のある人物の名前を発見した。その人物こそ「森泰さん」である。転入者リストの中にその名を発見した門脇さんは、「なんと、今度の人事異動で、うちの学校へサウジから面白いもんが帰ってくうぞ。森さんなら、去年までおった奥原さんと馬が合うし、これは、面白いことになりそうだ。」と、うれしそうに言うのだ。奥原さんとは、前年4月に津田小学校からブラジルのベレーン日本人学校へ派遣された教師で、以前、恵曇小学校で森さんといっしょに勤務した頃から、数々の武勇伝がある猛者だと言うのだ。

４．教育研究大会には手作りの手漕ぎボートで

　少し時代を前に戻すが、新規採用で、それぞれ隠岐島や石見地区の学校での勤務を終えた奥原さんと、森さんが出会ったのは、日本海に面した島根半島の漁港の町の恵曇小学校だった。私自身は、森さんや奥原さんに出会う前のことなので、詳しいことは知る由もないが、門脇さんや

森さん、後には奥原さん自身から何度か聞かされた面白いエピソードを紹介したい。

　当時から各都道府県には、文部省の支援を受けた教育研究組織があった。島根県にも県教育研究会なる組織があり、その下部組織もある。全県の教員が加入しており、会費も納めている。小・中学校の下部組織としては、市・郡教研があり、二年に一回持ち回りで、公開授業を中心とした研究大会を開催していた。奥原さんと森さんが勤務する恵曇小学校は、松江市に隣接する八束郡教育研究会に所属しており、その年の郡教研大会は大根島の八束小・中学校で開催された。今でこそ松江市の一部として陸続きになっているが、当時は汽水湖である中海に浮かぶ大根島へ行くには、松江市の中心部にある松江港桟橋から本庄港経由で二時間以上かかり、その日八束郡内の小・中学校教員のほとんどは、船で大根島へ向かっていた。ちょうど行程の半ばくらいに差し掛かった頃、乗船者一同は前を行く奇妙な物体を発見することになる。なんとその物体とは、手作りの手漕ぎボートである。ボートに乗っているのは奥原さんと森さんの二人。一同唖然とするも、二人は悠然と手を振りながら優雅な航海を続けたという。

　結局、二人が学校最寄りの港に到着したのは昼前のことで、すでに公開授業は終了し、研究協議も行われた。せっかく大根島へ到着したのだから、午後は研究会に参加するだろうと思われていたが、お弁当を食べた後、二人はさっさと帰路につき研究会そのものへは全く参加しなかったそうである。別に研究会での公開授業や協議を軽視した訳ではないが、この現実をどう受け止めたらよいのだろうか。「職務怠慢だ。とんでもないことをする。しっかり反省させるべきだ」と言った意見もあっただろう。はたまた、「発想が面白い。とにかく大胆な行動だ。」など、真反対の意見が飛び交ったことだろう。

この時のことを後で奥原さんに訊ねてみると、これはひとつの仮説であり、子どもたちが海や湖で航行することが、可能かどうかの予備の実験であったとさらりと述べ、さらに「これは森さんもよく知っている事だし、森さん自身も自分でやろうと思っていたことだからね。」と、冗談とも本気とも受け取れる言葉で言ってのけた。

　実際に後年、二人は津田小学校在職中に、仲間の教員と共に隠岐島からの丸木舟による航海を成功させているし、森さんは別に、それと類似した試みを津田小から赴任した白潟小で、大人だけでなく子どもたちに体験させている。私には、二人がとった行動は、決して職務怠慢や非常識で危険な行動ではなく、むしろ時代を先読みした統合教育へ向けての試みだといって良いように思える。手漕ぎボートの航海は、二人にとっては、将来大真面目に取り組んだ航海の事前調査だったのだ。これを大胆さの中に、先を見通した先見性があると考えるのは、やはり森さんや奥原さん同様に私の方が変わり者なのであろうか。

【こぼれ話】①
　今だから話せることだが、ある時恵曇小学校で、指導主事を迎えて体育の授業が公開された。ところが子どもたちが跳び箱を跳ぶ度に、「ポトッ」と何かが落ちる音がした。不思議に思い踏切版をひっくり返してみると、そこには空気銃の弾が数発撃ち込まれていたそうだ。
　誰の仕業か不明だが、何の目的だったのか、この行為を大胆と見るか、非常識と見るか、それとも別の考え方なのかは紙一重だ。だが、どんな視点で見るかで、人の見方は大きく変わってくる。森さんは、本来慎重な人だ。決して無理はしないし、リスク管理を徹底する。大胆さと慎重さのバランスが良いのだ。深読みが出きる人だが、果たしてこの一件を、大胆と見たか、非常識と見たか？それとも別の考え方か…

5．二十坪からの脱出

　話を森さんと私との出会いに戻そう。森さんの津田小学校への初出勤の日、さっそく職員会議が開かれ、新年度の組織や校務分掌などが伝えられた。新5年生の担任構成は門脇さんと私はそのまま持ち上がり、残りの二クラスの内一クラスを森さん、もう一クラスは三上君子さんという構成であった。その日以来森さんと私は、職員室で席を隣にすることになった。家も比較的近く一緒に通勤などということもまれではなかった。個人的にも顔を合わせて話をすることが多かったが、森さんは職員室ではいつも話題の中心にいて、サウジでの体験談がひとしきり終わると、必ずといって良いほど奥原さんのことを話題にする。面白おかしく話してみんなを笑わせることで、自らをそれに重ね、同調する自分を演出しているように見えた。

　奥原さんは一年前まで津田小学校に在籍していたので、その所業については良く知られており、彼らしさが語られる中で、学校近くに借りた学級農園（畑）がよく話題になった。奥原さんは歩けば学校から15分はかかるその場所（農園）に、保護者が所有する土地（未耕作地）を借りた。そこで行う畑作体験を学級通信と文集につづり、それを核として学級づくりや授業を展開したのである。それは、現在ならあるいは先進的であると評価されるかもしれないが、学習指導要領に即して授業を行うことが重視され、柔軟に考えることもなかった当時は、誰も考えが及ばない破天荒で、型破りの活動だ。授業時数は連日の畑作体験に割く分、教科の授業時数が大幅に減る。学習指導要領から外れた教育課程になってしまう。周囲には理解を示す人もいたが当然、冷ややかな目でこれを揶揄する教員もいた。私は奥原さんがブラジルから帰国した後、直接彼から話を聞き、当時の学級通信に書かれた子どもたちが喜々として活動している姿や、畑作活動への取り組みをテーマとした学級文集を見せて

もらった。その中に、畑の近くには水道栓がなく、奥原さんと子どもたちは毎日、水脈を探して井戸を掘り続け、3メートルを超える地点でとうとう水脈を発見したという記述があった。文集にはその時の様子が生き生きと綴られており、感動を覚えた。

　6年生の社会科学習のモデルカリキュラムでは、一学期と二学期は歴史学習で、三学期は公民学習となっているが、森さんの話によると、恵曇小時代の奥原学級では、一・二学期は古代史の体験学習で、三学期に残りの歴史と公民の学習だったそうだ。この奥原さんの授業計画には、さすがの森さんもついていけなかったとのことで、「上には上、すごい人がいるものだ」とは、森さんの弁であるが、石橋を叩いて渡る森さんのもう一方の性格が出ているのかも知れない。

　奥原さんの井戸掘り、畑作体験はその後どうなったか気になるところだが、ここからは森さんに登場願おう。奥原さんが津田小で井戸掘りに汗を流していたころ、森さんはサウジアラビアのジッダ日本人学校にいたので、この井戸掘りの話は詳しく伝わっていなかったようだ。しかし、学年部会でこの話を聞いた森さんの反応は早かった。「奥原さんが開拓した畑と井戸を五年部で受け継ぎませんか」と言うのだ。元々農業体験に熱心だった門脇さんと三上さんは大賛成、以前からこの農園には関心があったと言うのだ。もちろん私もすぐに同意し、さっそく畑作体験を行うことになった。奥原さんの時代より一学級当たりの面積は狭くなったものの4学級すべての子どもたちが参加した。残念ながら奥原さんたちが苦心して掘った井戸は水が枯れ、使えそうにはなかったため、人海戦術で近く（と言っても運ぶにはかなりの距離がある）の保護者宅の水道水を分けていただくことで乗り切った。

　森さんが発案し5年生の全学級で行うことになった元奥原農園の畑作体験は、主として夏野菜を栽培することになった。水やりは、自分の

クラスの畑については、自分たちで責任をもつことにした。優等生の門脇学級や三上学級に比べ、山﨑学級はやや怠慢気味で、せっかくの作物を枯らしてしまうこともあった。森学級はまあまあの出来と言ったところであったように記憶している。

　畑作体験の進行と同時に、社会科では「日本の農業」について学習することになった。学習課題として、請負農業をその中心においた。機械化が進行し、大規模営農が求められる米作農家にとって、小規模の圃場で農業を営む零細農家の耕作を請け負い、機械を使った大規模営農を行う請負農業こそ、これからの農家が生き残る一つの道であるとの認識から、田植え機や耕運機を使っての農作業の見学や、農家の人からのインタビューなどの学習活動を行った。

　平行して、昔ながらの手植えの田植えから始まる稲作も行うことにした。こちらも請負農業を営む一人である保護者の助けを借りた。いや、こちらは「負んぶに、抱っこ」といった方が正確だったが、とにもかくにも、学年で二つの農業体験の学習を行うことになった。門脇さんは、この学習活動をさして「二十坪からの脱出」と命名した。若い人たちにはあまりなじみが無いかもしれないが、二十坪とは昔の尺貫法の単位で、メートル法で約 66 平米くらいであろうか。要は教室の広さを指しており、言い換えれば「教室からの脱出」ということになる。以後この言葉は学年の合言葉となり、教室の外へ出て体験活動を行う学習が積極的に行われ、その中心にはいつも森さんがいた。

6. 森さんにだまされて乗ってしまった話

　森泰さんを知る多くの方から、「森さんにだまされて、とうとう深みにはまってしまったよ」などと聞かされることがよくある。おもしろいことに、「だまされた」と言う人がもれなく楽しそうに、笑みさえ浮かべ

て話すのだからまったく不思議だ。いったいなぜそうなったのか。知る人ぞ知ることであるが、一つのエピソードを紹介しよう。

　森さんにだまされた相手は、津田小学校で同じ学年を受け持った私自身である。ある土曜日の昼下がり（当時は土曜半ドンの時代）、森さん曰く「山﨑さん、明日の午前中恵曇まで行ってみないかい。」とのお誘いである。それ来たかと身構えた私は、翌日の午前中は別の場所に出かける計画があったのだが、「ほんの30分ほどでいいから付き合あってよ」という言葉に乗せられ、OKと言ってしまった。

　翌日目的地に向かう車の中で、森さんが言うには、「恵曇に面白い漁師さんがいてね。来週から私たちが計画している社会科の漁業の授業について、役に立つ話が聞けると思うよ」とのことだ。森さんは、以前恵曇小学校に勤務経験があり、土地も人も良く知っていたのである。「少しだけの時間」、「興味深い話」、「役に立つ」などは、重要なキーワードだ。ここでは、決してうそをついているわけではなく、話の一部だけですべてと思わせたり、逆に一部だけを小出しにしたりしているだけである。しかし、話に乗ってしまったら、もう森さんに拉致されたようなものである。そこへ出かけて、話を聞き、歓談をして帰れば30分で済むはずがないのは明白だ。もっとも私の方もそのことを見越して、当日の計画はキャンセルにしていたので、これに関しては事なきを得たのは幸いであった。

　目的地に向かう車の中では、これから訪ねる予定の漁師さんの破天荒ぶりについて、当時恵曇小で同僚だった奥原さんの言動と共に、面白、おかしく話す。すっかり話に乗せられてしまった私は、ついつい相槌をうったり、頷いたりする。質問でもしようものなら、益々術中にはまってしまうことになる。しかし、森さんの話は実におもしろく、相手を退屈させない。程よく質問や疑問の余地を残しており、目的地での話の予

備知識としては十分であった。

　来客の到来を待ち構えていた漁師さんは、ようこそ来てくれたと大歓迎。車で来ているのでお酒をという訳にはいかないがと言いながら、テーブルの上に並んだのは、朝とれたたての生きの良い魚の刺身だ。せっかく来たんだから食べて行けと言われ、遠慮がちながらごちそうになる。漁師さんと森さんは、学校や地域の人のことなどの話で盛り上がっている。少しくらいは、最近の漁業の話も出たように思う。本論の授業の話はいつ出てくるんだろうと思っていると、一言、「それじゃあ今の話でよろしくお願いします。」と言うとさっさと帰ることになった。

　帰りの車の中でも、森節は続く。結局授業にはどう関わってもらうのだと、首をかしげる私に、「山﨑さん、大切なのは本物体験だからね。漁師さんが本物の魚を持ってきて、魚業は良い時もあるけど、厳しい時も多いという話を聞くことで、子どもに課題意識や追求意欲が生まれると思うよ。今日はその始まり。」とさらっと言ってのけた。

　森さんは、自分がだました（誘った）相手がどの程度本気になったか、見定めるのもうまい。帰途の車中で聞いた一言で、すっかり充実感を味わっていた私の満足度も、即刻、見透かされてしまったことは言うまでもないことだ。

　もしこのような行為が人をだましたとして罪に問われるなら、森さんは今まで一体どれだけの人をだましてきたんだろうか。まさに大罪人であり、許し難いところだが、多くの人たちは森さんのアイディアや企画力に乗せられ、一緒に片棒を担ぐはめになる。罪人どころか、大ファンになってしまうのだ。これぞまさしく、森流の「だましのテクニック」？である。だまされ続けて42年、本当に愛すべき人だ。

第2章　百見は一験に如かず

─　本物体験を生かした授業づくり　─

　子どもたちに本物体験をさせたい。それによって子どもたちが「楽しそう」とか、「もっと調べてみたい」と思ってくれたら良い。そのためには、どんな教材があるだろうか？森さんは地域へ出かけた時も、人と話している時も、いつも頭のどこかで、そんなことを考えているのではないかと思う。いまや「伝説」の域に達した「出雲和紙」の授業づくりのノウハウなどを紹介する。

1.　百見は一験に如かず

　「えっ、それって百聞は一見に如かずのまちがいじゃないの？」本著のタイトルにも使っている標題を見て、そう思われた方もあると思う。広辞苑によると「百聞は一見に如かず」とは、昔から言われている諺で「幾度も聞くよりは、一度実際に見る方が勝る」となっている。となると、「百見は一験に如かず」とも言えるのではと思い調べてみると、似たような言い換え表現がいくつかある。「百聞百見は一験に如かず」と言った人もいるようだが、さすがにこちらは広辞苑には載っていない。百聞を百見に、一見を一験（体験）にそのまま置き替えれば、「百見は一験に如かず」は、「幾度も見るよりは、一度実際に体験する方が勝る」となる。これを諺と言いきっていいのかわからないが、伝えようとしていることはよくわかるし、森さんはこの言葉を好んでよく使う。

　体験学習については、未だに、半ばそれ自体が目的であるかのような授業に出くわすことがしばしばある。これは私がまだ現場で在職中の話であるが、ある小学校の公開授業を参観させていただいたことがある。

事前、事後の研究協議にも参加させていただいた。この学校の総合的な学習の時間では、体験学習が重視されており、学年の発達段階に即して様々な体験プログラムが用意されていた。体験活動の後、子どもたちはそこで知り得た様々なことを発表することで、授業が終了することが多く、この授業でもまさに、そのような終わり方をしていた。体験学習の良さを取り入れた良い授業だったのだが、何かが不足していてもったいないと感じた。

　地方紙の新聞記事を読んでいると、「子どもたちが総合的な学習の時間に、地域のお年寄りといっしょに、稲刈りを行った」、「お菓子作りに取り組んだ」と言った類の記事をよく見かける。「地域のお年寄りと共に」、「本物体験」など、読者の期待感をくすぐるには十分な素材だ。新聞記事に励まされ、その後の授業が深まっていくことを期待したいが、残念ながらそうはならずそこで終わってしまっているケースがあるようだ。新聞記事で紹介されている体験学習がすべて、それで満足し、終わってしまっている授業であるとは思わないが、このような記事を見かける度に、「そこで、終わらないようにがんばれよ。せっかく子どもたちが食いついてきているのに」と、つい教師の目線になって支援・応援の言葉をかけたくなってしまう。記者さんには、どんどんそんな記事を読者に伝えて欲しい。後はそれを活用し、どう授業の質を高めるかは教師の仕事であり、腕の見せ所でもある。

　「総合的な学習の導入により、体験学習を取り入れた授業は増えた。ただ、依然として体験することで満足し、授業を終わってしまう現状が多く見られる」と嘆くのは、森さんである。自分自身でも体験を重要視して、「百見は一験に如かず」を唱え、学びを通して「体験」を「経験」に変えるような授業を実践し、周りの人たちを支援してきた。体験の良さは、地域(ばかりではないが)の教育資源を自分自身の五感で感じ、そ

こから対話を通して学びを深めていくことである。そのことを森さんは、五十年以上も前から既に実践していた。盟友の奥原さんと共に、教育研究会が開催される島へ手漕ぎの自家製ボートで出かけるなど、様々な体験を自分自身でも行っていることは既に紹介したとおりだ。さらに農業体験や物づくりなどの本物体験を通して子どもたちの心に働きかけ、揺さぶりをかける授業を行っている。

　ＳＤＧｓ（持続可能な開発目標）を実践するユネスコスクールなどが好んで使う、「子どもの学びに火をつける」実践と共通するところであろう。森さんは当時から、「授業の成否は子どもたちにどんな教材を提示し、最初にどんな問いかけをするかで半分以上決まる」と、口にしていた。自分自身で見、聴き、触り、あるいは味わう本物体験により、それが可能となる。本物に触れることで生じる子どもたちの素朴な疑問や驚きに、あるいは頭で考えたこととのズレに目をつけ、あっと言わせる。そのことが授業のスタートとなるのだ。子どもたちの「感じる心」に語りかけ、知的好奇心を呼び起こす森イズムの真骨頂でもあろう。

２．おでん屋の二階での「総合的な学習」論議

　「コミュニケーション」ならぬ「ノミニケーション」は、人間関係を円滑にするとよく言われる。これも造語ではあるが、こちらは結構幅広い分野と年齢層で多くの人たちの間で使われており、違和感もなくぴったりとくる。酒類を飲むことの強要や悪酔いをして絡むことなどは論外としても、参加者が最低限のマナーを守り、特に酒類が苦手な人に対する配慮さえあれば、お互いに親しくなり本音を出し合えるので、その意味で酒席はコミュニケーションの良い機会だ。

　森さんは、「蟒蛇（うわばみ）のよう」だとまでは言わないが、お酒は大好きで強い。しかし、間違ってもマナーに反するようなことはなく、い

つも周りの人を愉快にし、満足させている。今でこそ回数が減ったものの、森さんと酒席を共にする機会は多く、この四十数年の間に、食事を共にした程度のものは除いても、恐らくは何百回に及ぶ回数、森さんと同席している。それぞれの酒席には、それぞれに笑いや涙、ドラマがあるが、中には今でも語り草になっているエピソードがある。

その一つが、森さん自身の提案で組織を立ち上げた、島根県国際理解教育研究会の定例研修会の後、それも懇親会の二次会に至った時のことだ。宴たけなわとなり、2～3か所の車座に分かれ、いつものように教育談議にボルテージが上がった頃を見計らい、森さんがみんなを黙らせ、ある提案をした。「今度の新しい学習指導要領では、総合的な学習の時間が出きるそうだけど、まだ、どんなものなのか良く分からないよ。みんなはいったいどんなものだと考えているのか、今から一人ずつ、自分の考えを言ってみないか」というものだ。

突然の森さんの提案に一瞬沈黙の時間が流れたが、すぐに当時まだ若手だった鈴木さんが立ち上がり、隣にいた金山さんが座布団を四つ折りにして、この上に立ってスピーチをするように促した。にわかに総合的な学習の演説会場となった小さなおでん屋さんの二階は、天井が低く、今にも頭が閊えそうで、話に力が入ると演者はバランスを崩して倒れそうになる。20年くらい前のことなので、その場には他に誰がいたのか詳しくは覚えていないが、様々な体験学習だけでなく、韓国の小学校の先生と協働で授業づくりをするなど、圧倒的な行動力が持ち味の錦織さん、いつも冷静で理論派の和田さん、特異の視点からユニークな発言をする家島さん、教職大学院で国際理解教育を研究し、現場に戻ってきた三代さんなど、多士済々のメンバーがいたように記憶しているし、大まかなスピーチの内容はまだ記憶に残っている。

当時（2000年頃）は、中央教育審議会や教育課程審議会から矢継ぎ早

に答申が出され、新しい学習指導要領に導入されることになった「総合的な学習の時間」とは、どんな目的で、どんな内容を、どんな方法で教えるのか、当時の文部省からは具体的な説明や実践例の紹介はなく、現場の教師たちの創意工夫にゆだねられたが、示された内容は基準がはっきりしないところがあった。それ故に多くの現場教師たちにとっては、悩みの種になっていた。それでも、おでん屋の二階に集まっていた教師たちは、総合的な学習の時間の導入を肯定的に受け止め、指導要領を先取りするくらいの勢いで指導要領に先行し、試行錯誤しながらこれに取り組んでいる面々ばかりだった。

　答申から明らかになっていたことと言えば、その学習課題として「環境、開発、人権、情報、国際理解」など、教科の枠に入りきらない教科横断的学習であるとか、「児童生徒の興味関心に基づく課題や地域の特色に応じた課題」などの抽象的な言葉が並んでいたと記憶しているが、定かではない。正直言えばみんな自信を持って取り組んではいるものの、心のどこかに「これで良いのだろうか？」という一抹の不安と疑念を残しながらの取組でもあったように思う。だからこそ森さんの「総合的な学習って何？」という問いかけに、待ってましたとばかり飛びついたのである。ある者は、教科、特に社会科の授業の延長論を主張した。社会科の授業の終末部分に出てきた新たな学習課題や、さらなる詳細な課題を取り上げ、これに取り組むという考えだ。これに対する賛同者は他にも何人かいて、それぞれ方法論で違いを出していたように思う。

　他にも2〜3の教科の学習課題をまとめるという合科に近い考えや、教科と総合学習を合わせて行う、あるいは複数教科のクロスカリキュラムに類似したものなど、自分自身の理念と重ね合わせ、短い時間ではあったが、各自熱く語り、それについて議論も行われた。

　森さんはと言えば、普段はどんどん自分の考えを先に述べる方である

が、この日は出だしからむしろ聞き役に回っていた。次から次へと四つ折りの座布団の上に立ち、口をとがらせて自説を主張する仲間を嬉しそうに見ながら、厳しい質問を浴びせていた。最後の方で座布団の上に立った森さんは、自身が以前から取り組んできた学級文化活動を例に出し、そのような事象を土台として学習を積み上げたら、面白いものが出来るのではないかと述べた後、「みんなの主張はそれぞれ良く分かる。教科学習の延長はわかりやすいし面白いが、子どもたちが熱意をもって取り組むような学習活動にしなければならない。そのためには、やはり体験学習が重要になってくる。だから、百見は一験に如かずだ。体験してみることで子どもたちは、本気で学習に取り組むようになると思うよ。」と述べた。別にみんなのスピーチや議論をまとめたわけではないが、森さんの言葉に心地良い余韻を残しながら、おでんやの二階での総合学習論議は、ひとまず収束した。

　と思っていたら、一人だけまだしゃべっていない人が残っていた。最初からこのやり取りを、目を白黒させながら、じっと聞いていた研究会長の高橋英二さんだ。「あなたたちは、なんという議論をするんだ。総合的学習の議論になると、「良く分かりませんと避けようとする教員が多くいる中で、今日の議論は真正面から向かっている。中身もすごいが、議論そのものに感動した。」「森さん、あなたたちはたいした者だよ。何か総合的な学習の明るい未来が、少し見えてきたような気がするよ」と感想を述べられたところで、今度こそお開きとなった。

　森さんの「百見は一験に如かず」は、ここでも参加者全員の心に響いたことだろう。

３．子どもの追求意欲を高める授業づくり

　森さんの教育論は、誰から学び、誰の影響を受け、まだ二十代の青年

教師の時代から自然体験や社会体験を大切にし、これを核にするような授業を目指すようになったのかは不明である。子どもの追求意欲を高めることを大切にしている森さんは、日頃から「自分は実践家であり理論より実践が大切だ。」と言っているが、その実践は確かな理論に裏付けられたものである。しかし今そのことはさほど重要ではないし、私には森実践を特定の教育学者の理論と結びつけて話すだけの力はないので、これについてはこれ以上触れない。ただ、青年教師の森さんが、教育学者の間で振り子のように左右に振れる系統主義と経験主義の両論のはざまで、悩みながら自説を確立していったことは間違いないであろう。そしてその過程で森さんに出会い、その後の教師としての生き方に大きな影響を与えたのが、前章で紹介した奥原省一郎さんであった事は容易に推測できる。

　奥原さんの話になると、森さんはいつも、その破天荒な言動を面白おかしく話すのが常であるが、たとえ法的には問題がある事でも決して否定的にはとらえず、肯定的にとらえている。恵曇小時代のある時、奥原さんが子どもたちと学校近くの砂浜へ出かけ、「海水から塩を取りだす」体験を行っていた。その時偶然にも砂浜の中から、古い時代に作られた土器（須恵器だったかも）と思われる焼成物を発見した。このような場合、本来は国有財産になるのだそうだが、奥原さんはこれを授業に生かし、森さんもしっかりそれに協力している。身近な場所から発掘された土器は、子どもの追求意欲を育てるには持ってこいなのであろう。森さんに聞かされた数々の奥原さんの武勇伝を、奥原さんと知り合った後本人に直接問い直してみると、「それは、森さんもいっしょにやったし、彼だって恩恵を受けているよ」と返ってきた。さて、どっちがどっちなのか、よくわからない。

４．「出雲和紙」との出会い

　総合的な学習の論議から少し時代を遡るが、「百見は一験に如かず」の考えは、サウジアラビアから帰国した森さんの中では、既に出来上がっていたと思われる。門脇さんが提案した「二十坪からの脱出」は、渡りに船でもあった。農業、水産業、工業と学習を重ねた津田小学校５年生の社会科学習は、伝統的技術を生かした工業の単元に入ろうとしていた。ここで森さんが提案したのが、「出雲和紙」の教材化だ。

　例によって、「山﨑さん、明日八雲に行ってみないか。あそこでは昔ながらの製法で和紙を作っている。きれいな和紙で中々ヒットしているらしいよ。面白そうだから行ってみよう」と、いつもの「ちょっとだけ」、「面白そう」、「役に立つ」だ。和紙づくりの情報源は、同僚の岩井さんと三上さんだったと記憶している。彼女らはかつて八雲小学校での勤務経験があり、工房の主である安部さんとは旧知の間なのだ。森さんはちょっとした情報を自分のものにしてしまうことがうまい。この時も正にそれで、ちょっとした情報をビッグ情報に変えてしまった。それ来たと身構えた私だが、既に心は八雲村に飛んでいた。翌日の朝には、森さんの愛車タウンエースが我が家の玄関まで迎えに来ていた。

　八雲村は松江市の南郊に隣接、市内から車で、約 20 分で八雲小・中学校や役場のある村の中心部へ、紙漉き工房までは谷川沿いの狭い道をさらに 10 分ほど進む。集落の中ほどにある安部栄四郎さんの工房は、古い納屋か倉庫風の建物が二棟あるように見えた。よく見ると左側の小さ目の建物には、刈り取った材料の原木を蒸す窯が置いてあり、壁の一部には原材料の一種である三椏（みつまた）が無造作に立てかけてある。右側の建物に入ると、剥ぎ取った皮を叩いてほぐす道具や、原料を入れておくための水槽、さらには漉き桁をコントロールするための竹竿、漉き上げたばかりの和紙を重ねておく台、最後の行程となる乾燥場まで、

一連の作業が二つの建物で完結するように構成されている。

　和紙作りの工程の中には、黒皮をはいだ原木の皮を流水で洗う必要があり、工房の近くには清流が流れる川がある。原材料となる楮（こうぞ）や三椏（みつまた）の栽培に適した土地があり、さらには近くの山には、栽培が困難で山林にあるものしか入手できない雁皮（がんぴ）が自生している。八雲は和紙を作るには最も適した場所の一つであり、なぜ和紙作りに、この地を選んだのか良く分かる。

　ここでの和紙作りに関する話と、実際の紙漉きの見学は、私にとっても大きな衝撃だった。初めて見る和紙の原材料。この時に見せていただいたのは、たぶん三椏だったと思うが、何だったのかよく覚えていない。この三椏の原木、と出来上がった製品(和紙)との見た目の落差が大きい。繊維と繊維をつなぐ役割をする液体は、トロロアオイという植物の根を叩いて抽出する。このねばねばの液体は不思議な存在だ。ねりとも呼ばれ、オクラに似た植物で、食用としても使われる。「原材料をほぐして漉き桁で漉く時には、繊維と繊維をつなぐ接着剤となり、漉き上げた和紙を重ねて積み上げていく時には、出来立ての和紙の繊維が、上下で混合しないように分離する役割を果たす。魔法の植物なのです。」との説明を受けた。原材料と製品との落差、トロロアオイの魔法の秘密、それになんと言っても、神業としか言いようのない職人さんの圧倒的な存在感、教師としての私は驚きと感動で、すっかり和紙のとりこになってしまった。仕掛け人の森さんはどう思っていただろうか。きっと私以上に感動し、手ごたえを感じたに違いないが、近代工業との比較において出雲和紙を取り上げ、教材化した森さんの教材としてのものを見る力には、ただただ敬服するばかりである。

　子どもたちが驚き、感動して授業に食らいつき、追求意欲を高めていくためには、子どもたちと教材をどんな形で出合わせると良いのか、考

えるだけでもワクワクする。これは、教師としての特権かも知れない。教材の原石を発見・発掘しそれを教材化するには、やはり二十坪から脱出する必要があるのだ。そのことを、森さんから身をもって学んだ時でもあった。だまされて良かった。

　和紙作りの工房の方を先に紹介したが、八雲への二度目の訪問はその一週間後、道路を挟んで工房の向かい側にある人間国宝の安部榮四郎さんの自宅である。二階建ての古民家風のしっかりとした家は、玄関は土間になっているが、上り口から障子戸(もちろん手漉き和紙張りの)を開けて中に入ると、中は生活の場であると同時に、たくさんの宝物が置いてある部屋だ。その部屋を通り過ぎ私たちが案内されたのは、重厚なつくりの階段を上がった二階だ。ここはもう一階のそれどころではなく、博物館そのものと言っても良いぐらいで、たくさんの宝物に囲まれた一角に、応接用のテーブルが置かれていた。

　そこに置かれてある民芸品などの宝物についての説明もお聞きしたが、この日は主に人間国宝である安部さんの生い立ちから、苦労して育った少年時代、洋紙に押され先細りぎみだった家業を継ぎ、苦労して生計を立てながら紙漉きに勤しんだ時代のことなどもお聞きした。時代が移り変わり、伝統的な技術を生かした工芸品などが見直されるようになり、版画家の棟方志功や民芸運動の父と言われる柳宗悦など著名人と交流するようになると共に、人間国宝＝重要無形文化財となられた話などをお聞きした。

　安部さんの話をじっと聞いていた森さんは、時折相槌をうったり質問をしたりして、普段の機関銃のような喋りとは違い、別人のようであった。安部さんは、肩書から受ける厳めしい印象ではなく、むしろおだやかで、人の良い白髪の老紳士で、この日の対応と前回の対応で、どうやら森さんのことを面白い教師だとの印象を持たれたようである。

５．伝統的工業「出雲和紙」の授業つくり

　出雲和紙の授業は、森さんにとって忘れられない授業である。次年度には再度津田小学校で、あるいは転任後には別の学校でもこれに取り組み、中身の充実した質の高い授業としてその実績が評価されている。森さんはこの実践を教育論文にまとめ、日本標準教育賞や読売教育賞など難易度の高い教育賞を授賞し、有識者をはじめ多くの人たちがこれを称賛している。

　津田小学校の和紙の授業は、森学級を先頭にそれに倣うように各学級でも行われた。授業の成否の半分以上決まるという導入部分で取り入れたことは、子どもたちに皮をはいだ雁皮を見せ、「これはある製品の原材料となる木の皮をはいだものだけど、これが何になるかわかる？」と問いかけることからだった。子どもたちは原料に触ってみたり、引っ張りっこをしてみたりして右往左往、ヒントをもらいながら「紙」、さらにそれをヒントに「和紙」という答えが出た時は、「うそ！」、「信じられない」と言う半信半疑の疑問と驚きの歓声が、教室中に飛び交った。それではと、森さんが畳みかけた。次は子ども用椅子の盤座の下に雁皮の皮を２本通し、それぞれの端を４人が持って椅子を支え、「この椅子の上にクラスで一番軽い翔太君（仮名）が座っても大丈夫か」と言うのだ。またまたクラスの意見は真っ二つに分かれて論戦。それではと言うことで翔太君を椅子に乗せ、四人が持ち上げてみる。結果は軽々と持ち上がり、次にクラス一の重量級の裕二君（仮名）も持ち上がった。教室中に歓声が上がり、拍手が起こった。雁皮の少々のことでは切れない強さが証明された。「すごいだろう。みんなで和紙の秘密についてもっと学んでみないか」森さんが呼びかけるころには、子どもたちはすでに和紙の秘密に魅かれ始めていた。子どもたちの感じる心に訴え、追求意欲を高めていく第一歩は、こうしてスタートした。

子どもたちに感動を与え、疑問を持たせる手立ては他にもある。和紙で描いたちぎり絵を見せて、画材の和紙に実際に触れてみる、原材料の雁皮などの一部を手に取らせ、五感を使って何かを確かめる体験をさせるなど、工夫次第で他にも面白い方法が可能だ。森さんは本物体験こそが重要だと考えており、その後に行った和紙の授業では、本物体験にこだわり、さらなる工夫を加えている。森さんのやることは、まるで魔法使いのように見えるかも知れないが、実はこのように、絶えざる試行錯誤と工夫の積み重ねの結果である。森さんの和紙の授業は、その後もどんどん進化し、今でも若い教師たちにとって、良いお手本となっていることであろう。

　森さんの授業は松江市内の各小学校の教師たちにも影響を与えたようだが、私にとっては、最初に取り組んだこの年の授業こそが、最も鮮烈な印象として残っている。ゼロからのスタートで教材を開発したのも見事である。何と言っても、その後の和紙作り体験を中心とした授業展開では、安部さんの工房の見学、安部さんの助言を得て、森さんと子どもたちが制作した手作りの漉き桁を使っての和紙作り、それも刈り取っ

【こぼれ話】②
　和紙の原材料である楮（こうぞ）と三椏（みつまた）は栽培可能だ。まとめて栽培してあるので、見つけるのも易しい。それに比べ、雁皮（がんぴ）を見分けるのは難しい。雁皮は自生するものしかないので、雑木の中に独立して生え、よほどなれていないと簡単には見つけられない。森さんでも、これはと思う木の枝の先を、剥いでみて確認するくらいだ。
　森学級一番の和紙通である晃一君(仮名)は、雁皮探しの名人でもあった。彼の目に映ると、雑木の陰に隠れた雁皮もたちどころに発見された。発見のコツはないが、幹や枝を見れば分かるのだそうだ。彼は見方を変えると、和紙に関して森さんを超えていたと言える。

た雁皮(原材料)を蒸すところから、最後に出来上がった和紙を乾燥する
まで、一連の工程をすべて自分たちの手で行なったのだ。予定の授業時
間だけではできないこの体験は、休み時間や放課後にまで及び、とりわ
け熱心だった晃一君（仮名）は、疑問があれば何度でも、休日に 10 キ
ロ以上の道を、自転車で安部さんの工房に通ったという。

6．失敗の体験を生かす

　和紙づくりの工程では漉き桁で漉くところだけが注目され、難しいと
考えられがちだが、実際、蒸した木を叩く作業が不足すると、繊維がそ
のまま残り、漉き方が均等でないと厚さの異なった紙になる。乾燥を急
ぐとしわだらけの紙になる。工程のどこかで手抜きや失敗をすると、良
い和紙にならないのだ。子どもたちの挑戦は失敗、また失敗の連続で、
叩く作業が不足した時はもう一度叩き直し、しわだらけの紙は、漉き直
しを繰り返した。一つ一つ修正しながら、最後は何とか和紙らしい形に
仕上がった。しわがあろうが、形が少々いびつだろうが大きな喜びであ
り、子どもたちにとって出来上がった和紙は宝物であり、本物体験を通
して学ぶことの喜びを体感した。失敗は成功のもとだ。

　二十坪の中（教室）での授業でも、体験したことが学びの過程を通し
て経験に変わる。実際の体験が追求意欲を高める。人間国宝安部榮四郎
さんの生きざまに迫る学習や、今後の和紙工房や伝統的技術の継承につ
いて調べたことをもとに学習を進めるが、本物体験で得た感動や疑問、
失敗を繰り返したことなどを語るので、課題追及の意欲は益々高まり、
真剣な話し合いが行われた。

　授業は当初に予定した時数を超え、体験活動は主として時間外の休み
時間や放課後に行われたが、それ以外にも社会科の延長として行われた
学習があった。江戸時代に初代の松江藩主として、信州松本から入府し

た松平直政公といっしょに松江藩に入り、和紙作りを出雲地方に広めた中条善左衛門についての学習だ。調べ学習の結果はクラス全員の作品を文集にまとめている。本章２の「おでんやの二階での論議」における総合的学習の社会科延長説は、既にそれよりはるか前に先取りして行われていたことになる。

７．森さんから学んだ授業づくりのイロハ

　森さんはその後も安部さんの自宅や工房を何度も訪れ、榮四郎さんの後継者である孫の信一郎さんとも親しくなり、親交を深めた。

　私はと言えば、ひたすら森さんの真似をしていた。この年教職歴８年目で中学校勤務の３年間を除くと、４年担任二回、６年担任二回、計４年間の小学校勤務で、５年担任はこの年が初めてであった。大変お粗末な話ではあるが、それまでの社会科の授業はと言えば、教科書（６年）と、島根県版の副読本（４年）に書かれた内容を、教え込むことを主とした知識注入型の授業を行っていた。従って、もしこの年に森さんとの出会いがなかったら、社会科の授業はそんなものだと勝手に決めつけ、退屈な授業を繰り返していたに違いないと思う。教材の発掘から授業の在り方、進め方など授業づくりのイロハを、森さんから学んだ３年間でもあった。今、学校現場にはこの時の私のような教師は、もういなくなっていることを望みたい。

　私自身は森さんとの出会いから３年後、その影響をしっかりと受け、在外教育施設派遣教員として、エジプトのカイロ日本人学校へ派遣された。そこで出会ったのが世界最古の紙、パピルス紙だ。ナイル河畔のパピルス研究所を何度も訪れ、パピルス紙の製法を学び、原料を手に入れた。日本人学校では担当するエジプト・クラブの子どもたちと、パピルス紙づくりに挑戦した。子どもたちには和紙の製造工程についても話し、

それを比較する学習も行った。津田小時代の和紙作り体験なくしては、なし得なかった授業だ。やはり「百見は一験に如かず」で、子どもたちにとっては最高の学習となったようだ。

　私の在任中に 10 人余りの同僚を誘ってカイロを訪問してくれた森さんに、安部榮四郎記念館の新築開設の話を聞き、「できれば展示室の隅にでも飾ってください」と、パピルス紙を託した。帰国後、森さんと共に新しく建設された安部榮四郎記念館を訪問すると、果たしてパピルスは片隅どころか、あの安部邸の二階にあった宝物の数々と共に堂々と展示されていた。榮四郎さんは残念ながら、再会を果たしたその一週間後、急病で帰らぬ人となってしまった。元気なお姿だっただけに、驚きと同時に深い悲しみに襲われたことを覚えている。

【こぼれ話】③

　津田小学校での華々しい活躍の後、森さんは、現在その跡地に県立美術館が建っている宍道湖畔の白潟小学校で勤務している。1 年間森学級の教え子であった寺津千賀さんによると、一番印象に残っていることは、とにかくよく教室を飛び出して、宍道湖でハゼ釣りをしたことなどである。釣った魚を串に刺し、焼いて食べたことをよく覚えている。

　森さん得意のサバイバル体験活動に、クラスの子どもたちは大喜びだった。今でも昔のクラスメートと会うと、森先生の話で盛り上がると言う。森さんは、一人一人の子どもたちにとって親しみやすく、教室を飛び出しての貴重な体験に、今でも感謝していると言う。

第3章　教師の役割は渡し船の船頭さん

― 時代は変わっても決め手は教師 ―

　時代が変わり、新しい考え方が取り入れられても、学校は教師と子ども、子どもと子どもが教え、教わる場であることに変わりない。教育課程が変り、新しい内容や方法が導入されても、教育の土台は、教える側（教師）に、学ぶ者（子どもたち）の追求意欲を盛り上げ、本気で学ぼうとする意欲を持たせる力が、有るか無いかにかかっている。授業はもちろん、「縄文時代の一日を再現する活動」など、課外の活動まで全力投球の森さんの姿を追う。

１．教師の役割は渡し船の船頭さん

　「教師の役割って渡し船の船頭さんのようなものです。」いつもこんな比喩表現を上手に使う森さんだが、「確か多田先生は、そう言われましたよね。」と続ける。自分のオリジナルな表現ではなく、もともとは多田さんが言った言葉だと確かめるように言うのだ。だが、森さんは、この言葉を耳にする前から言葉どおりにそれを実践していた。言葉の持つ意味を本当に大事にしている人だ。

　簡潔な表現でわかりやすい。渡し船の船頭さんの役割は、その時の水の流れや風の向き、強さ、客の様子などをよく観察したり、客に聴いたりして、向こう岸まで無事辿り着けるようにすることである。「教師主導型の学習」という船が、行先もその推進力もすべてを、船頭さんの櫂さばきに委ね、あなた（教師）任せの渡し船に乗った客（子どもたち）が、船頭さんの誘導に従い、船頭さんに指示されるとおりに、予定したペースでどんどん前に進むのに対して、「主体的な学習」という名の船

の船頭さん（教師）は客である子どもたちが、自分たちの力で向こう岸まで辿り着けるよう支援しなければならない。子どもたちが乗った小さな船は、試行錯誤しながら右へ行ったり左へ行ったり、時には引き返したりしながら、船頭さんの適切な助言や誘導にしたがって自分たちで櫂を漕ぎ、舵を切って前へ進む。みんなで相談して行く先（ゴール）を決め、力を合わせて漕がなければ前に進まないのだ。

　日々の学習では、大船に乗って安全で確実に目的地に向かって航海することも必要だろう。だが、森さんが大切にする「子どもが主体的にすすめる学習」では、子どもたちがどこにたどり着きたいのか相談しながら前に進む。ここでの船頭さん（教師）の役割は、子どもたちが混乱に陥っていたら、すぐに行く先を指し示すことではなく、迷い始めたところまで戻してやったり、適切な助言や励ましの言葉をかけてやったりすることだ。やる気が失せかけている子がいたら一緒に考えてやり、良いアイディアの子がいたらほめてやる。深く考えることなく簡単に行く先や方法を決めた子どもたちには「それで本当にいいのか」と揺さぶりの言葉をかけることも大切だ。森さんは自分でもそう実践してきたし、校長としても、教師たちにそう助言してきた。

２．教育の土台は教える側にあり

　教師は子どもの学びを助ける人と言う森さんの信念は、ゆるぎないものだ。「子どもたちがやる気をもち、民主的な集団の一員として、心地良い毎日を創りだす学校改革や授業づくり、学級づくりをすることに関する理論や実践は様々あるが、どんなに時代が変わろうとも、学校は教師と子ども、子どもと子どもが教え、教わる中で成長する場であることに変わりない。教育内容が変わり、教え方が変わろうとも、教育の土台は、教える側（教師）に、学ぶ者（子どもたち）のやる気、本気、根気に火

をつける力が有るか無いかにかかっている。」

　この文は、共創型対話学習について学ぶ目的で、昨年1月に発足させ、森さん自身が代表である「共創研島根」の第2回の例会において、第2章でも紹介した40年前の「出雲和紙」の授業を、現在行われているふるさと学習に生かして欲しいとの願いから、森さんが提案した時のレジュメからの引用である。私としては、私自身がその昔に感動した授業づくりの概要を、若い先生方にも伝えて欲しいとの思いからそのように依頼をしたのだったが、提案された内容は、現代のふるさと学習に沿ってリメイクされたもので、何とも力強いミッションだ。どう進めて良いかわからず迷走しているように見える一部の教師（学校）のふるさと学習を何とかしたいという思いが強く伝わってきた。

3．授業の下地としての学級づくり

　教育の土台は教える側にあると言う森さんは、子どもたちが熱中して授業に取り組む前提として学級づくりを大事にしていた。目指すべきクラスの姿を子どもたちと共に考え、それをクラスの約束としていた。「クラスの仲間を大切にする」、「人の嫌がることは絶対にしない」、「困っている仲間がいたら助ける」など、どこの学級へ行っても掲げてあるような、しかしとても大切な言葉ばかりだ。学級担任をしていた時は、実際にそれらをもとに丁寧に子どもたちを指導していている姿を何度も見た。決していら立ったり、どなったりせず、子どもたちを落ち着かせてから指導する。

　とにかくほめることがうまい人だ。観察眼がしっかりしていて、子どもたちをよく観察しているのだろう。私は森さんの授業、とりわけ社会科の授業をよく参観させてもらったし、体育については、4年生の時からやっていた二クラスの合同授業を、そのまま続けて合同でやっていた。

そのため森さんが子どもたちを直接指導する場面をよく見た。森さんの得意技は、子どもたちのちょっとした発言やしぐさなどの特徴をとらえ、誉め言葉を発することだ。他の子どもたちとは変わった視点での発言があれば、「おっ、おもしろい。良いところに目を付けたね」「なぜ、そう思ったか言ってごらん」など、特別な声掛けではないが、タイミングが良いのと、子どもの気持ちを洞察するのがうまい。別にマジシャンではない。常に子どもの気持ち、特にあまり目立たない子ども、普段はおとなしい子どもに寄り添い、その思考の過程に思いを寄せているからこそできる技であろう。

　津田小時代の森さんは三十代後半〜四十代だった。スポーツ刈りと呼ばれる短髪で、見た目にも若々しかったが、自分の方から積極的にスポーツ活動や運動をする方ではなかった。その森さんが、校庭の一角で子どもたちと遊んでいる姿を見かけることがよくあった。学級づくりには子どもと一緒に遊ぶことが必要だと考えていたからだろう。寒くなってくる冬場によくやっていたのが、「三周回り」という遊びだ。攻撃側チームの全員がグラウンドに描かれた一辺4〜5メートル四方くらいの陣地に入る。そこから外周が15〜20メートルほどの、楕円形状に伸びる敵の陣地外側の、途中で狭くなったり広くなったりする通路をすり抜けて、メンバーの誰かがその通路を三周して陣地に戻ると攻撃側の勝ちで、攻守はそのままで再開、全員が陣地や通路の外に押し出されてしまうと守備側の勝ちで、攻守入れ替えと言うのがルールだ。

　これは森さん自身が子どもたちに教え、大人気となった遊びだ。その理由は、いくつかあるが、クラスみんなが参加できること、運動量が多く子どもたちの体を動かしたいという欲求を十分に満たしてくれること、時にはけんかのもとになることもあったが、概して子どもたち同士で団結し、仲が良くなるのに役立つことなどがあった。森さんはそのこ

とをよく承知していて、積極的にこれを利用したのだろう。三周回りは
あっという間に他のクラスにも広がり、私なども良く子どもたちに手を
引かれ、遊びに参加したものだ。高学年になると男女の体力差もあり、
体の大きな男の子が控えめでいつもは目立たない女の子を助けるため
に我が身を挺して………などと言う光景も良く見られた。心底この子を助
けたいと思ったわけではなく、作戦上のことのようにも見えるが、こう
した事実の積み重ねが大切で、森さんは満足そうであった。学級づくり
は、担任教師の責任が大きいし、授業の下地づくりでもあるというのが
森さんの持論だ。

4. 社会科の授業から大きく発展

　第2章では、5年生「伝統的技術を生かした工業」の授業づくりにつ
いて紹介したが、森さんは翌年も続けて5年生担任となり、津田小学校
外市内で開催された全小社研（全国小学校社会科教育研究大会）での公
開授業の授業者となっていた。したがって翌年は持ち上がりで6年担任
となっていた私は、公開授業の時には、6年生の授業者であった高木さ
んのクラスにいたため、この時の公開授業そのものは参観していない。
それでも森さんとは、様々なことを話す機会が多く、前年行った和紙の
授業の反省点をもとに授業計画においても、授業実践においても、様々
な改善が加えられていたことはよく見聞きしていた。

　本物体験を大切にする森さんの考えは、学年を超えて多くの同僚教師
から共感を呼び、森さんを中心として、授業論などを語る自然発生的な
グループのようなものになっていった。メンバーには門脇さんや私の外、
森さんと一緒に津田小に赴任してきた錦織さんや、新規採用の桑野さん、
さらに翌々年にはブラジル帰りの奥原さん、出雲管内から再度津田小へ
戻ってきた岩迫さんなどを加え、休日にはそれが、家族ぐるみの付き合

いにまで発展していた。それぞれに幼少の子どもたちがいたが、いつも森家の長女でしっかり者の恭子さんと、長男の全司さんがまとめて面倒を見ていた。今更ではあるが二人には「本当にお世話になりました。」

　しかし、この家族ぐるみの付き合いは後々の活動に生きてくることになる。集まったメンバーは、専業主婦の家庭が多く、家族のことはそれぞれ奥方に頼り、夜でも日曜日でも、安心して自分たちの活動に没頭できた。それによく集まって、よく飲み、よく語り合った。自然と妻同士も仲良くなり、夫たちへの不平を肴にして、相互によりフレンドリーになっていった。多くの体験活動のおぜん立ての裏側には、語られることのないこのような事実があった事も記しておきたい。

　本物体験を志向する学びは、「和紙づくり」だけにとどまらない。第2章でも述べたが、6年生の社会科は歴史学習に多くの時数を割いている。奥原さんの恵曇小時代の実践のように縄文時代で1～2学期という訳にはいかないが、一般的には45分×2～3コマの扱いの縄文時代に10コマ以上当て、さらに昼休みや放課後、日曜日を加え、縄文人の活動と類似した追体験活動を企画した。子どもたちに縄文時代の人々の生活について疑問に思うことを尋ねたところ、「縄文時代の人たちは、竪穴住居の中で火を焚いて魚を焼いたそうだけど、煙たくなかったのかなあ？」、「魚釣りをしたそうだけど、本当につれたのかなあ？その前に釣り針は何で作ったのかなあ？」などなど素朴な疑問が次から次へと出てきた。しかしこれらの疑問のすべてに、追体験などの活動で対応できる時間的余裕はない。

　ここまで来ると、社会科の授業の範疇をはるかに越え、発展的な学びになってくる。一人の船頭さん（教師）では、とても手に負えない。もっとも奥原さんや錦織さんなら一人でもこれに取り組んでいたかもしれないが、ここは森さんの出番だ。他の船頭さんたち（教師）を納得さ

せ、その気にさせ、組織（グループ）として人を動かすことに長けた森さんの能力が存分に発揮された。主体的な研究グループの誕生だ。グループに参加したメンバー一人一人の意欲は高く、行動力もある。その結束力は益々強いものになっていった。その理由の一つが、本章で紹介したような家族ぐるみのつきあいがあったからだ。このメンバーを中心に、校内で活動に興味がある教師や隣の学校の和田さん、考古学の専門家三宅さんなどを加えて結成されたのが、「縄文時代の一日を再現する会」（からむし会）で、２年目は転入教師を加え層が厚くなっている。

　意図的なのか偶然であったのかは定かでないが、家族ぐるみの付き合いの中で、すでに布石が布かれていたのかも知れない。からむし会の活動に参加したメンバーは、活動内容だけではなく、重要なことを森さんから学んでいる。それは協働することだ。何かを成し遂げるには、一人よりも二人、二人よりも多数の人が協力して行った方が、苦労も多いがその影響も大きく、成果が目に見える。それに何と言っても活動自体が楽しいし、一人の教師では成し得ないことも、多数の教師が知恵を寄せ合い、協働すればなし得ることがある。教師は渡し船の船頭さんのような存在であるが、船頭さんが協働すると、小舟が軍団になったり、大船になったりして、より深い探究の旅ができると言えそうだ。

５．縄文時代の一日の再現

　素朴な疑問をもとに、社会科の授業を超えた課題について探求するために、用意された体験学習の場は、たくさんあった。鹿角製の釣り針づくり、近くの山で採集した粘土製の土器づくり、河原から拾ってきた石製の石斧づくり、黒曜石製の石包丁づくり、どんぐりパンづくり、栃の実ケーキづくり、木と木を摩擦させての火起こし、真弓の木を使っての弓づくり、からむしを編んだ釣り糸づくり、からむしを編んで作った糸

で編んだ上着づくりなどである。それぞれ事前に教師の手で試作するなり、試行をしてはあるが、失敗の連続であった。

　それにしても縄文人の追体験をするには、気が遠くなるほど時間がかかる。鹿角製の釣り針を作るのに、私たちはまず金切りのこぎりを用いて、大まかな成形を行い、その後やすりを用いて針のように細く削った。先端のカーブを作る時は特に注意深く作らなければならない。少しでも細くしたいと考えつい削りすぎて、それまでの苦労が水の泡と化す事もあった。しかし現代の道具を使って偽の体験をした後、黒曜石を使って角を裁断したり、角を水に濡らして削ったりする、縄文人の知恵に習った本物体験の方法がわかると、ようやく役に立つ釣り針を作ることに成功した。子どもたちは出来上がった釣り針にからむしで編んだ釣り糸をつけ、実際に川の中に垂らしてハゼ釣りを試みた。すると何と時間はかかったものの数匹のハゼが釣れたという報告を聞いた。現代の縄文人（子ども）たちの喜びは大変なものであった。

　石斧を作るには、まず材料となる石を探してきて気長に研いで成形する。鉄製の斧のようにはいかなくても、くさびの役割を果たせる程度の刃を持つものに仕上げ、さらに木製の柄と研磨した石を結び付けると完成だ。水で濡らした木のつるを使って縛ると、後で乾燥した時に良く締まっている。実際に山に出かけ本物の木を切り倒そうとすると、作業の

【こぼれ話】④
　からむし会の活動には、活動後のノミニケーションが、つきものだった。私は帰りの運転手役が多かったが、学校近くのつくし食堂にはよく行った。森さんは、ここでは主役の座を奥原さんに譲った。奥原さんの飲み振りは豪快そのものだ。しかし、話の中身での主役はやはり森さんだ。からむし会の活動計画は、よくこのつくし食堂で作られた。

途中で斧と柄が外れてしまうこともあったが、直径7〜8cm程度の木なら何とか切り倒せた。いずれの体験も苦労の連続だったが楽しい活動でもあった。

「からむし会」の活動は、社会科の授業の中では時間不足でなしえ得なかった体験活動を次から次へと計画していく。船頭さんたち（教師たち）の助けを借り、同時に発足させた「子どもからむし会」のメンバーたちは様々な体験活動を行った。体験活動と共に深めていった学習の記録は、後に発行される著書「縄文の丸木舟日本海を渡る」などに残されている。

子どもからむし会の活動は、主として土曜日の午後か日曜日になる。付き添いの両親たちとこのことについて話すと、親子の間でもよく話題になっているとのことだった。様々な活動を重ねていくうちに、子どもたちの抱く疑問も深くなっていく。「なぜ竪穴住居を作ったのか」、「何人くらいの人が住んで、中ではどんな生活をしていたのだろう」など、次から次へと出てくる疑問に答えるべく竪穴住居づくりが計画された。竪穴住居を校庭の一角に復元しようという計画は、森さん、錦織さん、奥原さんを中心に進められた。

このアイディアは、今でもそうだが当時としてはかなり斬新なもので、構想から設計・建築・完成までに一年以上は要している。建築の構想は主として三人が中心となって進められたが、何かあるたびに皆で話し合っていたので、どこまで進んでいるのかその都度話を聞くのも楽しみであった。構想の段階でモデルとなるような住居が見つからず、苦労したのだが、最終的には長野県の尖石遺跡の復元住居に到達した。森さんたちはこれを見学するために、折しも降りしきる雪の中、長野県まで出かけている。からむし会が復元した竪穴住居は、この尖石の復元住居をモデルとしている。穴掘りから、柱の骨組み、屋根材の萱（かや）を結び

付け、上屋を設置するまで丸三日の作業には、子どもからむし会員も参加し、竪穴住居づくりの苦労を体感した。

　この後こどもたちは、出来上がった竪穴住居の中で、木をこすり合わせて起こした火でマキを焚き、鹿角の釣り針で釣った魚を串焼きにして食べた。さらにそこで宿泊するという体験を行っている。こうしてかけがえのない体験は、森さんを中心としたからむし会員に見守られながら実施された。

　からむし会の活動は、翌年、最大のビッグイベントである「丸木舟で隠岐島から島根半島まで航海」へと進んでいく。私自身は竪穴住居づくりを一緒に行った後、その年の４月、エジプトのカイロ日本人学校に赴任したため、この航海には参加していない。

　子どもからむし会の子どもたちは、航海には参加していないが、丸木舟「からむし２世号」の制作にあたっては、お手伝いとして参加している。この場面でも、子どもたちが体験し、感じ取ったこと、学んだことを教え合うのを助けるのが教師であるという基本は、授業と同じである。課題設定から解決まで、学習を支援したり、方向付けてやったりすることも、授業と全く変わりない。それは、森さんだけでなくメンバー全員の共通した意識でもあった。森さんの言う通り、時代は変わっても決め手は教師なのだ。

第4章　坂本龍馬が勝海舟に出会った時のように

─　森実践の支えとなった人たちとの出会い　─

　幕末の英雄である坂本龍馬が、勝海舟と出会い、その弟子になったように、森さんもまた師と仰ぐ人を見つけ学んでいる。その出会いから何をどのように学んだのか、奥原さんとのうそのような本当の話は、恵曇小時代の話だ。また外にどのような人たちが森さんと関わり、その行動に影響を与え、与えられたのか。森さんが真剣に学ぶ姿を紹介する。

１．荒川指導主事との出会い

　「いつも饒舌で、よくしゃべる森さんが、今日はおかしかった。何かしらもぞもぞとしてかしこまり、どこかおかしかった。」と、いぶかしがったのは多田さんだ。ある日、私たちの研究会の仲間である荒川仁美さんが、自宅に多田さんを招待した時のことだ。体調を崩しておられたが、多田さんの訪問と言うことで、会食に姿を見せられたのは、仁美さんの父上である勲さんだ。ちょっとだけのはずが、多田さんとの話が弾みかなり長時間話しこまれた。多田さんがおかしかったというのは、この時にそばに座っていた森さんの態度や、多弁を弄さず口数が少なめの様子を見てのことである。「あの饒舌な森さんが、仁美さんのお父さんの前では、まるで借りてきた猫のように本当に控え目ですね。」と言うのだ。実はその裏には、一昔前まだ若かりし頃のあるエピソードが隠されていた。

　学校内において特定の教科や領域の校内研修を行う時に、担当の指導主事を招聘することはよくあることだ。招聘する回数は学校や年度によっても異なるが、どこの学校でも年に何回かはそのような機会を持つの

が通例である。指導主事の「指導者」としての役割の一つは、有り体に言ってみれば「お上の御用聞き」だ。いささか言葉は乱暴だが、特定教科等の文科省の方針を、教育委員会や学校のリーダーたちに伝達することである。二つ目は、学校現場の実践研究に寄り添い、校内研修のあり方や授業研究について、具体的に指導助言することだ。

　指導主事にもいくつかのタイプがある。都道府県の指導主事と市区町村の指導主事との役割の違いもあるが、よくあるタイプの一つが、学校訪問で公開授業を参観するに当たって、予め授業者が事前に作成した学習指導案について助言しておく。授業日当日には、校内の授業研究会において、事前に助言しておいたことについて誉め、子どもを誉め、用意してきた文科省等の資料を解説して終わるタイプだ。よくあるタイプだが、可もなく不可もなしと言うところか。他にも文科省の方針等をきちっと伝えることは忘れないが、予め聞いておいた現場教師の質問に応え、若干の批判もするが、「良い授業だった」との誉め言葉で終わるタイプがいる。このタイプは自分でも研鑽を積み、現場から見ても信頼できそうなタイプが多い。さらには「指導主事」の「指導」ではなく、「主事」の仕事の方に重きを置き、学校訪問そのものは重視していないタイプもある。現場からは、あまり歓迎されないタイプだ。

　中には、そのような型には、一切はまらない指導主事もいる。荒川勲さんは、そのような指導主事の一人だった。国語科教育を専門とする教師としての荒川さんは、若いころから鋭い感性で教材を読み解き、文学作品の中の一つの文章、一つの言葉にこだわり、作者や登場人物の心象をさぐる授業を行う教師であったと聞いた。私自身が荒川さんとお会いし、直接話を聞く機会を得たのは、この頃よりずっと後のことである。研究熱心で誰もが尊敬する人柄であったが、授業研究に関しては非常に厳しく、安易な妥協はしない別格の指導主事であり、校長となった後年

もそうであったと、複数の人から聞いたことがある。

　荒川勲さんの人柄やら性格を表す別のエピソードもある。私の知人の一人に、荒川さんが青年教師の時代、松江市の朝日小学校で、荒川さんの指導を受けたという人がいる。この方は現在、ある会社の重役を務める方であるが、「自身の小学校から大学までを通して、最も記憶に残り、印象に残っているのは、小学校時代の担任である荒川勲先生だ。」と言うのである。なぜかと尋ねると、意外な理由が返って来た。「自分はいたずらっ子だったから、とにかく良く叱られた。その記憶しかない。」と言う。そして、「それでも荒川先生のことはよく覚えているし、出来るものならお会いしたい。」と言われる。叱られたことを、決して否定的にとらえず、むしろ感謝しているように受け取れる言葉である。

　若き時代の森さんと奥原さんが勤務していた恵曇小学校にも、年に何回か指導主事の訪問の機会があった。そして、いよいよ森さんと奥原さんが、待ちに待った運命の日が到来した。荒川指導主事の恵曇小学校訪問が実現することになったのだ。二人にとって荒川さんは尊敬する人であり、是非とも直接会って指導を受けたい人であった。奥原さんは、前日には季節の花が咲きそろうプランターを、校門から玄関まで並べて歓迎し、当日の授業研究が終わり、帰られる折には恵曇産の干物など盛り

【こぼれ話】⑤

　森さんと奥原さんが荒川家に日参することについては、恵曇小学校の校長だった宮迫さんも承知していて、宮迫さんから荒川勲さんへ、「うちには、やんちゃな若者が二人いますので、行儀をしてやってください。」というご挨拶があったそうだ。そのことを二人は、知ってか知らずでかは不明だが、理解ある校長にも恵まれ、やんちゃな二人にとっては、何とも幸せなひと時だったようだ。

55

だくさんのお土産を用意していたとのことだ。今ではどこもこんなこと
はやっていないが、当時は指導主事訪問となれば、掃除を丁寧にし、帰
りには手土産を渡すなどというのは良く行われていた。森さんの話は多
少オーバーかも知れないし、奥原さんが一人でやったような口ぶりであ
ったが、私は、これは二人でやったに違いないと思っている。

２．坂本龍馬が勝海舟に出会った時のように

　歴史上の運命的な出会いとして良く語られるのが、坂本龍馬と勝海舟
の出会いである。この時のことについては、様々な歴史書や文学書で語
られている。元々は敵対関係にあった両者の出会いについては、「二人
はある人物の紹介で、こっそりと出会った。」という説が有力だが、「竜
馬が勝海舟を斬りに行ったものの、逆に諭されて弟子入りをした。」と
いう話もある。これはどうやら刺客に襲われる機会が多かった勝海舟の、
記憶違いであったとも言われており、ことの真偽は不明だ。いずれにし
ても坂本龍馬と勝海舟の出会いは、運命的なものであるが、ここではそ
れはどちらでも良く、その後に竜馬が勝海舟と親交を深め、様々なこと
を学んだことの方が重要である。

　若き日の森さんと奥原さんが、荒川勲さんと出会ったのは、坂本龍馬
が勝海舟に出会った時と状況がよく似ている。異なるのは敵対関係にあ
った竜馬が勝海舟と出会って、その人となりに触れてから、親交を深め
ていったのに対して、平素から荒川さんを尊敬していた二人は、学校訪
問時の大歓待をきっかけに、その後、週末になると荒川家を訪問すると
いう大胆な行動に出ていることだ。

　毎週のように荒川家に通い、二人はいったいどんな話をし、何をして
いたのだろうか。その当時小学生だった仁美さんに聞いてみると、さす
がにどんなことを話していたかまでは覚えていないと言うので、仁美さ

んの母、玲子さんに聞いてみたら、次のような話を聞くことが出来た。

　荒川さんの学校訪問以来、二人の荒川家への来訪が始まった。たいていは、日曜日の午後からの訪問が多かったが、時には朝のうちの時もあった。奥原さんは、草刈り機を使い、広い荒川家の敷地の草刈りをよくやった。一方で森さんはというと、奥原さんが働くそばで、もっぱら勲さんのおしゃべりの相手となっていたようだ。ここら辺りは二人の性格が良く出ている。森さんはこの時に、茶飲み話をしながら、「ごんぎつね」などの教材についての話も聞いていたことと思うが、それ以上詳しく聞くことは出来なかった。玲子さんから見て、森さんは生き生きとしていたそうだ。

3．社会科学習の理論的支柱金森亮吉さんのもとへ

　津田小学校外松江市内の六校において、全国小学校社会科教育研究大会が開催されることが決まった時に、島根県内には社会科担当の指導主事以外に、複数の指導的立場の教員がいた。その中から、大会当日に森さんの公開授業を指導助言することになったのは、島根大学附属小学校の木村さんだった。当時、教科担任制を採用していた附属校の、社会科を専門とする教諭だ。大変謙虚な人で、自分よりも年長である森さんの授業に対して、いつも敬意を払って指導助言をしていた。

　自分の授業を高く評価しているのはありがたいのだが、別の人の意見も聞きたいと考え、お隣の出雲市に住む金森亮吉さんの家の門を叩いた。金森さんは島根大学附属中学校の教員をしていた 1969 年、旧ソビエト連邦のモスクワ日本人学校へ、島根の国立大附属校からの初代校長として派遣され、帰国後には出雲市内の小・中学校で校長を務めた人である。非常に研究熱心で、優れた実践家であると同時に、優れた理論の持ち主だった。森さんが作成した学習指導案にも簡単には OK を出すような人

ではなかった。一見実践者と言うより研究者のタイプのようにも見え、穏やかな口調で話されるが、森さんの実践にも厳しい視線を注ぎ、改善を求められた。一緒にそばで話しを聞いていた私は、その中身はほとんど覚えていないし理解もできていなかった。ただかすかな記憶をたどってみると、授業案の中で子どもたちが言葉を通して、共感したり対立したりする姿が見えにくいことや、森さんが得意とする導入部における体験学習の在り方などにも、厳しい指摘がなされていたような記憶が残っている。帰りの車中では、いつも森さんが一人で反省することしきりであった。

　森さんもまた、金森さんの歯に衣を着せぬ厳しい指導が気に入り、それ以後、往復2時間の道のりをかけて、再々金森邸を訪れるようになっていた。金森邸への訪問には、同じく全小社研大会で授業を公開した錦織さんが一緒の時もあり、同じように厳しい指導を受けたが、なぜか森さんの隣には、いつも運転手としての私が座っていたことを記憶している。たいてい土曜の午後か日曜日になることが多く、時には夜半に及ぶこともあった。金森さんの話は、それだけ熱いものだった。この時も森さんは、県の研究会組織が決めたシナリオに従わないで、金森さんのもとへ弟子入りすべく日参を繰り返した。

　またこのことをきっかけに、これ以降金森家には、正月に年賀の挨拶に出かけるようになり、その時はもちろん、他にも酒席となる時には、外にも必ず奥原さんが加わっていた。お酒が入っても、金森さんの話のレベルは落ちることなく、話の中で使用される言葉、特に英語など外国語の意味がよくわからなかったこともあった。帰りの車の中でそのことを聞き合うのだが、結局誰もわからずに、お互いにわかったふりをして聞いていたことがわかり、みんなで大笑いしたこともあった。後日、金森さんにこの話をしたら、「読んだ書籍に翻訳書が無く、原書に使って

あった言葉をそのまま使ってしまった。失礼した。」との言葉が返ってきた。

　こちらの話は、坂本龍馬が勝海舟に出会った時のような訳にはいかなかったが、森さんが往復2時間をかけて日参し、弟子入りした理由がわかろうというものだ。

4．森さんを変えた奥原さんとの出会い

　私の知る限り、森さんくらい人付き合いの範囲が広い人はいない。今でも毎年末には、約500枚の年賀状を書くそうだ。最近はインターネットのSNSを通じた交信もあり、政治家など一部の人を除いたとしても、驚くほど多いという訳ではないが、一般の人の感覚から言ったら多い。それだけ多くの人と接し、多くの人たちと行動を共にし、程度の差こそあれ、関わった人たちの人生に何らかの影響を及ぼしている。そのことは、多くの人たちが感じている事である。一例を挙げると、森さんの影響を受けて在外教育施設の日本人学校や補習授業校へ出かけた教員の数は、数十名に上るであろう。他にも様々な人に、様々な働きかけをしていて、その影響力は計り知れない。

　では、その逆はどうであろうか。多くの人たちに影響を与えている分、逆にその人たちから影響を受けているに違いない。本章において前述した荒川さんや金森さん、それに多田さんなど多くの人から影響を受けているが、とりわけ、強烈な個性が集まったからむし会のメンバーとの出会いは大きいと思う。

　特に奥原さんとの出会いは、運命的であり森さんの生き方や、教師としての資質や信条にかかわるほど影響を受けている。第2章で述べた恵曇小学校時代の大胆な行動は、正に奥原さんがいたからこそ出来たと思えることが多く、奥原さんの波乱万丈の人生については、森さん自身の

口から多くのことを聞いた。とても文章には書けない危うい話はたくさんあるが、それが奥原さん自身の生き方と深く関わっていることが多い。そして、森―奥原ラインに深くつながったのが、二人と同じ匂いがする錦織さんであり、会長の門脇さんはじめ元からむし会のメンバーだ。

　錦織さんは、津田小学校での6年間と、八雲小学校での3年間の合計9年間、森さんと同じ学校で勤務している。これは、恵曇小学校と津田小学校で、合計8年間同僚であった奥原さんに匹敵する期間である。年数だけでも教職にあった期間の約4分の1近くに相当する。私の目から見て、二人とも優れた教育実践者であると共に、優れた教育理論の持ち主だ。特に教材発掘の能力と言うか臭覚と言うか、並外れた感覚を持っていて、私などとてもおぼつかないと思うのだが、本人たちはあまり感じていないようだ。森さんは奥原さんだけでなく、明らかに錦織さんの影響も強く受けている。

　なお、ここでは、森さんの考えや行動に影響を与えた人という視点で、特にこの三人を取り上げているが、これについては、第6章の2.「同じ匂いを持つ三人」の項で、くわしく述べているので、そちらも併せて読んでいただきたい。

　また私は、森さんがローマ日本人学校へ派遣中に、松江市の留守宅に一人で住んでおられた森さんの母、叔さんを何度か訪ねたことがある。この時の会話の中で、叔さんが言われるには、「泰は、今までずっと奥原さんの影響を強く受けていると思っていたけど、最近は少し違ってきた。奥原さんより山﨑さんの影響の方が強いような気がして来だした。」と言われたのである。私には影響を受けた覚えはあっても、与えた覚えはない。どんな影響だったのか聞き返したが、笑っておられるだけだった。もしそうであるなら、付き合いが長くなると本人たちが気づかないところで、影響を与え合っているのかも知れない。竜馬と海舟の出会いとは

全く意味が違うが、これはこれで面白いと思った。

5．作文・日記指導について学ぶ

　津田小学校で華々しい活躍をしていた元からむし会のメンバーは、それぞれ別の学校へ転任し、転任先の学校でも新しい同僚といっしょに本物体験の良さや、感動したことを、対話を通して学び、それを文章表現などで伝える学習に取り組んでいた。子どもたちが自分の考えをまとめ、表現する方法としてスピーチと共に、作文指導や日記指導を重視していたのだ。それぞれ自分自身は、どんな内容の文章でもさらりと書いてしまう能力の持ち主であるが、指導となると別である。「作文指導、日記指導」のノウハウについて、少なくとも私にとっては深刻だったが、この問題についてお互いに語り合うことはなかった。森さん自身もそのことについては、ずっと考えていたに違いない。

　そんなある日のことだ。松江市の隣にある島根町の大芦小学校が作文教育に力を入れ、成果を上げているとのローカル紙の報道があった。大手出版社が募集する作文コンクールでは、「複数年連続して多数の上位入賞者を出すだけでなく、小規模校とは言え、コンクールへは全員が出品し、それぞれ佳作等で入賞したり、入賞を逸しても高いレベルの作品として評価されたりした。」との内容だ。その大芦小学校の作文指導を中心になって引っ張っていたのが、元からむし会の会長であった門脇節朗さんの妻である門脇桂子さんだ。森さんは、早速門脇邸に出かけ、お祝いの言葉を述べるとともに、「大芦小の素晴らしい作文教育のノウハウをぜひ我々にも教えた欲しい。」とお願いをした。同行していた私も、もちろん一緒に頭を下げた。初めは返事を渋っておられた桂子さんだが、とうとう森さんの言葉巧みな懇願に屈し、「作文・日記指導教室」の開催が決定した。

門脇桂子さんの作文・日記指導教室を受講したのは、森さんをはじめとした元からむし会のメンバーなど数名だ。森、錦織、和田、山﨑、それに当時の節朗さんの同僚で考古学者でもある宍道正年さんがいたと記憶している。メンバーは、それまでに何度となく門脇邸を訪問しており、いつもテーブルからあふれるほどの、桂子さん手作りの美味しい料理を、遠慮することなく、たらふく食べ、飲み、喋り尽くして大迷惑をおかけしていた。その門脇邸に、作文教室の受講生として神妙に座った。全員正座だ。そこへ、今までとは立場を変えた節朗さんが、ホストとなりお茶とお菓子を盆に乗せて、静々と運んでこられた時には、さすがの森さんも平身低頭だ。余りにもいつもと違う光景は、一同に適度な緊張感を生みちょうど良かったかもしれない。

　ご指導いただいたことで、私が一番印象に残っていることは、その後の実践で実際に活用したので、そのことは今でもよく覚えている。私は学級経営の中で、子どもたちの実態や思いを知る手段として、日記指導を重視していたので、日記指導についてはこの時の桂子さんの指導には、納得し自分自身の日記指導に取り入れた。桂子さんのご指導の要点は３点だ。１つ目は「日記に題をつける」ことだ。これによって何を書きたいのかはっきりするからだ。２つ目は「必ず日記の軸を決める」ことだ。「軸」とは書きたい内容の中で「自分にとって中心となる気持ち」のことだ。そして題と軸が定まらない時は、「無理に日記を書かない」ことも付け加えた。３つめは、「誰に向けて伝えたいか、書く相手を決める」ことだ。相手を決めることで伝えたいことが具体的になるからだ。さらにレベルが上がった子には、「書き出しを印象的に」工夫することを要求した。これはやや高度だが、「会話から始める」、「感動したことから始める」などだ。書き始めると、子どもたちは様々な工夫をしだした。この指導を半年くらい継続した時点で、子どもたちに力が付いたと実感した。

作文指導でも、長文を書かせることより、短作文を継続させることの方が効果的であることを教わり、縦罫の国語ノート半分を使った「百字作文」、一ページを使った「二百字作文」を重視した。また学年の発達段階もあるが、私は学年よりも個人差の方を重視した。

　「作文・日記指導教室」の後は、お互いに学校が違うこともあり、森さんはもちろん、参加した他のメンバーともこの、その後ことについて話すことは、ほとんどなかった。だが、これを契機に子どもたちの作文や日記が、読み手を意識したものになったし、何よりもテーマと子どもの日記や作文を、連動させた学級通信を書くことで、保護者との信頼関係を構築することに随分役立った。

　多くの人たちにたくさんの影響を与えている森さんであるが、自分自身の実績や能力に、決して慢心したり、おぼれたりすることはなく、常に自身を向上させようという意欲を持ち、学び続けている。その意味では、森さんは「永遠に竜馬」なのかも知れない。

第5章　ネットワークを生かして

― たくさんの人たちとつながって生きる ―

　森さんは、本当に様々な人たちとのつながりを大切にする人だ。ここでは、音楽科教育の教育課程研究発表会と、第一回島根県国際理解教育研究大会を開催した八雲小学校での実践等を通して、どのように他者とつながっていったのか見てみたい。様々な人たちの考えを聞きながら、バランスよく人を生かしてネットワークを構築する能力は誰にもまねができない。共存から共生への架け橋の役割を果たしている。

1. 話のきっかけづくり

　どんな場合でも、どんな相手でも良好な関係を構築し、つながることができるのが森さんだ。面識が無い、あるいはほとんど無い人や、教育長など職責上の責任ある立場の人にお会いするために、森さんと一緒に出掛けることがあった。子どもたちの授業に協力していただくよう依頼したり、研究大会開催のため、所管の官庁に共催や後援を依頼したりする時などが多い。たいていの場合森さんがしゃべり、私はたまに相槌をうつ程度で聞いているだけのことが多い。こんな時いつも感心するのが、森さんの巧みな話術だ。普通は世間話から始めてまず相手の気持ちを和らげるのだが、その際の話題の選定が的確だ。相手が少し乗って来かかったところで、ユーモアを交えて場を和ませる。そうこうしているうちに、いつの間にかしゃべっているのは先方で、こちらは聞き役に回っているのだ。

　確か森さんが定年退職した年であったと記憶しているが、隣町の宍道小学校で国際理解教育の研究大会を開催する計画があり、所管の教育委

員会を訪問した。教委に後援の依頼をするためだ。一緒に訪問したのは当該校長の和田さんと森さん、私の三人で、型どおりの名詞交換の後話し合いに入った。教育長は私にとっては初対面であったが、森さんは少しだけ面識があったようで、先日同地域の公民館で行われたイベントの話から始め出した。教育長にとって地元のイベントは関心の高い話題であり、森さんはそのニュースをどこかで入手していたようだ。予想外の展開に、いつ本題について話す気だろうと思っていると、次から次へと話が発展しだした。しばらく歓談した後、良いイベントであったと一段落したところで後援の依頼をし、和田さんも研究大会の意義や効果などについて説明した。多額ではなかったが補助金の支援までこぎつけた。ちょっとしたきっかけを見つけ、話を広げたり、中には入っていったりするのがうまいのも森さんだ。本件については事前に和田さんが依頼していたこともありスムーズに事が運んだが、補助金が絡む後援依頼は結構難しいことが多い。森さんのきっかけづくりや話の進め方で、うまく事が運んだかどうかは定かではないが、少なくとも後押しをしたとは言えるだろう。

２．音楽の研究指定校八雲小学校への転勤

1993 年４月、３年間のローマ日本人学校での勤務を終えて帰国した森さんは、第２章の「出雲和紙」の授業づくりで紹介した八雲村（松江市と合併前）の八雲小学校に赴任した。ここで待っていたのが、文部省指定の音楽教育の教育課程研究校だ。森さんは、そのご家族に音楽教育に関係した方々がたくさんおられる。言わば音楽家・音楽教育者一族だと聞いたことがある。詳しいことはわからないが、そう言えば、かつて勤務した学校でも、それ以降に勤務した学校でも、音楽教育を取り分け大切に扱っている。歌を歌うのも大好きで、良くお気に入りの歌を口ず

さんでいるのを聞いたことがある。本人は誘われるので仕方なく行くようなことを言っているが、カラオケも嫌いではなく、最近は新しい歌も含めてレパートリーも広い。十八番は少し古いが「五番街のマリー」で、良く口ずさんでいることがある。韓国語で歌う「イビョル」（別離）もお得意で、韓国の人たちの前でこれを披露すると大感激される。旧からむし会のメンバーと肩を組みながら一緒に歌うのが「翼をください」だ。

　音楽は人の心を豊かにし、心と心をつなぐ役割をする。音楽を苦手とし、リズム感も悪い私は、みんなでいっしょに楽しく歌うことは別として、一人でマイクを持つのはどうも苦手だ。しかしカラオケでも積極的に歌い、音楽が大好きな森さんにとっては、音楽教育の研究指定校は、待ってましたのベストマッチである。とは言え、自分で伴奏のピアノを弾き、子どもたちを指導した姿を見たことは一度もない。恐らくは音楽の授業を担当した経験は皆無だろう。

　森さんが八雲小学校で思い描いていた姿は、全校の子どもたちが歌を歌ったり、楽器を演奏したりすることを心から楽しみ、心豊かに成長することである。そこで何をすべきか、それについて部外者である私にも会うたびに話していたことを思い出すが、うろ覚えの部分もあるのでお許し願いたい。

　森さんの八雲小学校への赴任に当たっては、好都合が続いた。小学校が一つしかない村の教育長は、森さんが白潟小時代の校長であり、社会科教育を通じてつながりが深かった佐原さんだ。そして何より心強いのが教頭の人事だった。石見部の学校で教頭として３年間の勤務を終えた錦織さんが、森さんと同時に赴任した。さらには、社会科教育や国際理解教育で一緒に研究した仲間である内村さんや、後には同じく山口さん、荒川さんなどが転入し、さらに森さんの目は隣にある中学校にも注がれていた。校庭を挟んでつい隣にあるものの、教育活動ではつながりが薄

かった八雲中学校で、森さんの心を動かす授業をしていたのが、一人の社会科教師、村木さんだ。その村木さんが翌年3月に、リヤカーに荷物を積み、中学校から隣の小学校へ引っ越した（転任）と言う話は、興味深く語り継がれている。

　ここに名前を上げた人たちは、すべて森さんに啓発され、その後の島根県の国際理解教育や共創型対話学習など、島根県の教育を引っ張っていったリーダーたちばかりである。佐原教育長が森さんの意向を聞いて実現させた人事と言えるだろう。

　八雲小学校の音楽教育は、こうしてお城に例えれば外堀・内堀から、二の丸・三の丸辺りにかけて、しっかりと固められていった。そこで次はいよいよ本丸へ乗り込むことになる。中核となる音楽科の人事だ。教育課程（音楽）研究指定校という「錦の御旗」を片手に振りかざし、佐原一森ラインは、翌年の人事異動でも大ナタを振るうことになる。当時音楽教育では成果を上げていた音楽専科、あるいは音楽を専門（得意）とする教師の何人かを転入させたのだ。音楽科は比較的専門性が高く、小規模校を除いて、各学校には中・高校の音楽科の免許を所有する音楽専科と呼ばれる教師がいることが多い。出入りはあるもののこの時既に八雲小に在職し、あるいは転入した音楽専科は、伊藤紀子さんや勝部恵美子さん等々、音楽界ではその名を馳せた人たちばかりであった。

　こうして八雲城は、本丸の石垣まで固められ、後は中味の充実を待つのみとなった。授業研究はもちろん、全校音楽など教科以外の音楽活動の充実を図る手立てや習熟度の進展など、城の骨格となる天守閣の構築には課題も多かった。これらの困難な課題をどのようにクリアし、充実したものにしていったかについて、残念ながら研究会に参加していない私には語ることが出来ないが、研究発表会当日には、参加者一同、子どもたちの心のこもった歌声に、感動のあまり涙したという話を伝え聞い

た。ここまでのところで、森さんの「たくさんの人たちとつながって生きる」話の仕方が、どんなにすごいかお分かりいただけたと思う。一つのお城（学校）にそれだけ人材をそろえれば、出来て当たり前ではないかと思われる人もあるかも知れないが、森さんの手腕はそのことよりも、併せて既存の人材の質を高め、トータルで充実した教育実践を行ったからであり、そのことの方が賞賛に値すると思う。

3．ONE TEAM で結束

　しかしこれで留まらないのが森さんだ。このような場合、全校の教職員が一体となって、同じ方向を向いてこれに取り組むことが重要である。実はこれを実現するのは、言うは易しで、そんなに簡単なことではない。少なくとも表面的には一致団結しているように見えても、実態は違っていることもある。職員数が少ない小規模校ならまだしも、中・大規模校となればなおさらだ。音楽を核とした学校経営の取組は、元々の企画が優れているので、教職員一丸となった取り組みだった。教職員の意見をよく聴いた上で森校長が示したプランは、当世流行りの言葉で言うなら、ラグビー日本代表が好んで使った「ONE TEAM」になっていた。

　ところが、ここまでやってもその方向性に同意しない、あるいは仕方なく消極的に参加している教員もいたようだ。森さんはこのように潜在的に反対している教員がいると、じっくりと向き合い、粘り強く話し合

【こぼれ話】⑥

　ONE TEAM とするために徹底して話し合うが、話し合った末、最後にどうしても意見が合わず、本人も転出を希望する状況になった際には、森さんの言葉を借りて言えば、その人には「リュックいっぱいにお土産を入れて、気持ちよく遠足に旅立ってもらった」そうである。

っている。森さんの、どんな相手でも友好的な関係を保ち、つながりあっていたいという考え方、姿勢はここでも生きていた。

　文部省の研究指定校であるから、当然のことながら音楽科の教科調査官の指導を受けることになる。当時の教科調査官から、たまたま高校生時代を松江で過ごしたと聞き、森さんもそこら辺りで縁を感じたようで、研究発表会終了後も交流（指導）は続いていた。発表会から数年経ったある日、森さんと私は、別の要件で文部省を訪ねたことがある。この時には森さんの突然の面会依頼にもかかわらず、短い時間だが歓談していただいている。音楽以外の別の研究会で、講師としての来県を依頼したかったようだ。普通なら一回ぽっきりの巡り合わせである教科調査官を、ここまでつなぎとめておくのは、さすが森さんとしか言いようがない。調査官とのつながりを継続することを足掛かりにして、松江市内及び周辺の音楽教師とのネットワークづくりが進み、音楽専科や音楽を得意とする教師の中にすっぽりと納まるようになり、音楽をこよなく愛する森さんのイメージを定着させた。

4．音楽教育と国際理解教育と

　八雲小学校に在任中の４年間、音楽と共に力を入れて実践研究に取り組んだのが、国際理解教育である。当時の日本の国際理解教育は、一つは単純に異文化間コミュニケーションと言いつつ実質は英会話学習、も

【こぼれ話】⑦

　「森さんは、高校時代にブラスバンド部に所属していた。」ある時こんな話が、森さんに近い人の口から洩れた。松江市の音楽教育研究部長まで務めた森さんに、敬意を表してのことだが、真偽の程は？？

う一つは国際交流を目的に来日した交流校の児童や、国内に在住する外国人などを学校に招聘し、料理などの異文化体験をしたり、音楽やダンスなどの異文化間交流をしたりすることで異文化理解を図ることなど、一過性の異文化理解の活動が多かった。

　ローマでの３年間の勤務を終えて帰国したばかりの森さんは、二度の海外勤務を通して英会話や一過性の異文化理解では国際理解教育はできないと感じていた。そんなころに島根に招聘し、拝聴した多田さんの講演は、そうした取り組みを否定しないまでも、上っ面だけの国際理解教育となってしまいがちであり、それでは真の国際理解教育とはなり得ないという内容のものだった。多田さんは、異文化を持つ人たちが真に理解し合うようになるために、子どもたちがおかしいと思ったり、どうしてと不思議に思ったりすることを大切にし、その疑問を学習課題に変え、体験や対話（当時は確か、コミュニケーション力という言葉を使われた）を通して解決することを提唱された。多田さんの提案は、まさに森さんが今まで取り組んできたことと同じ方向を向いている。私を含めて聴講した一同も同感であった。この時から現在に至るまで26年間以上、森さんを筆頭とする島根のメンバー（森グループ）は、多田さんから学び続けることになるとは、この時にはまだ、誰しも予想しなかったことであろう。

　多田さんの理論や実践に共感し、我が意を得た森さんは、一方では韓国の初等学校（チョドンハッキョ）との国際交流を図りながら、軸足を足元の八雲に置き、地域についての学習を進めた。八雲には、かつて「和紙づくり」でお世話になった安部信一郎さんはじめ、和紙作りの関係者の皆さんがたくさんおいでになる。それに八雲小学校が、国際理解教育を「Think global Act local（地球規模で考え、地域から動く）」で推進することを強力に打ち出したことで、地域の教育資源がより重要であるこ

とが明確になった。ここに至ってPTAを中心とした地域住民の方々の活動も活発になってくる。

　森さんを支えるスタッフの支援も心強い。まずは教頭の錦織さんであろう。森さんが八雲小在任中の前半の2年間、私は何度か同小を訪問したことがあるが、彼がスーツを着てネクタイを締め、デスクワークに勤しむ姿にお目にかかった記憶はない。いつ行っても作業着姿で、「今日は裏山のフィールドアスレチックへ向かう道の整備だ」とか、「今、ウサギ小屋の修理中だ」などと、忙しそうに動き回っていたのを覚えている。校長の森さんは随分助けられたことだろう。

　人を集め、人を育て、地域住民を巻き込み八雲を音楽の町へと導いた森さんの目は、音楽だけでなく、国際理解教育へも注がれていた。錦織さんに加え内村さん、村木さん、山口さんなどを中心に実践の主役となる役者（教師）たちも生き生きと活動した。韓国の初等学校との交流も順調に進んでいた。一過性の交流とならないよう気を配った。習字や絵画作品の交換も回数を重ねるごとに、充実した作品が送られてくるようになった。作品だけでなく手紙が送られて来る。最初は学校のことや自分の家族のことなど、どこにでもありそうな内容だったが、ある時、森さんはじめ学校関係者を困らせる手紙が届いた。書きぶりに多少違うところがあるかもしれないが、概ね次のような内容である。

　「こんにちは、日本のみなさん。私の名前は○○です。△△初等学校の3年生です。日本のみなさんにお願いがあります。それは独島（ドクト＝日本名は竹島）のことです。独島は韓国のものでしょう。だから、独島を私たちにかえしてください。」と言った内容だ。

　初等学校から中・高校、大学までを通して、徹底的に領土教育を行なっている韓国である。一点の邪心も無い子どもの手紙だが、裏には秘められた意図があるかも知れない。これを素直に子どもたちに、「韓国の

学校の子どもからの手紙だよ」とは渡せないもどかしさはある。融和ムードの国際交流から一転して国際理解の最前線の難題を突き付けられたのだ。領土問題についての学習基盤がない子どもたちに、いきなりこれについて考えさせるには無理がある。さすがの森さんも、これにはお手上げだった。森流の話術は通じないし、ネットワーク形成も極めて困難だ。それに扱いを間違えると、政治問題にまで発展しかねない事例でもある。国際理解は、本当に難しい。

5．韓国の学校や教師とつながる

　このように困難な状況にありながら、森さんの韓国へのラブコールはまだまだ続く。八雲小、本庄小、法吉小の外、城西公民館在職中の 30 年近くに渡って、韓国の学校や韓国の教師との交流を行っている。少し仲良くなって順調に交流を続けていると、「歴史認識」や「領土問題」などの懸案事項が、にょきにょきと雨後のタケノコのように飛び出してきて、途切れがちの韓国との交流だ。

　しかし森さんは、歴代の島根にやってきたＣＩＲ（国際交流員）や、島根の高校教員との交換事業で赴任した韓国の高校教員と深くつながっていた。初代の交換高校教員南（ナム）さんは、二度にわたり総計 5 年は、日本に滞在しているし、他にもチャンさん、チェさん、キムさんなど、日本大好きな人たちの名前と顔が浮かんでくる。森さんは、何れの人たちに対しても、日本での仕事や生活が支障なく行えるよう格別のお世話をしている。彼らはみな、大変な恩義を感じていることと思う。

　韓国では、ナムさんが役員を務める日本語教師会の主催で、「高校生日本語スピーチコンテスト」が行われていた。ナムさん外日本語教師たちの努力の甲斐があり、内容、発音、流暢さなどが著しく向上し、上位入賞者には、日本へ出かけ、日本人と話をする機会を作ってやりたいと

いう話が持ち上がっていた。そこへ顔を出したのが森さんだ。この話に大いに感動し、上位入賞の高校生の日本への往復旅費、日本での滞在費を何とかしようじゃないかと言いだしたのだ。ナムさんたちは大喜びだ。だがその後大変だったのはこちらサイドだ。引率を含めて四人分の旅費をひねり出すために、森グループのメンバーは東奔西走の日が続いたが、無事所定の費用を集め、韓国の高校生を受け入れたことを覚えている。今で言えば、自前でクラウドファンディングをやったようなものだ。高校生を受け入れて下さった松江女子高、松江北高、松江商業高、松江高専にもご迷惑をおかけした。この事業は、結局3年間継続させたが、森さん以外ではまずなし得なかった事業だ。

　交換教員の主な仕事は、島根県内の高校において韓国語の授業を担当することであり、余力があれば小・中学校などに出かけても良いことになっていた。中には頑なに高校での授業にこだわり、そこから抜け出そうとしない交換教員もいるが、県内の高校で教育課程に位置付けて韓国語の授業を行っていたのは、松江市立女子高の国際教育科だけだった。そんなこともあり、森さんや錦織さんなどの柔軟で寛容な受け入れ姿勢にいち早くなじみ、八雲小学校はじめ近隣の小学校に出かけ、ゲストティーチャーとして積極的に授業に参加している。ナムさんやチャンさんは、その後も今度は韓国の高校で主として日本語を担当している教員を引き連れて、何度か来日(来松)しているが、森さんはそのたびに手厚くもてなしている。

　韓国の小学校と日本の小学校の交流は、他の地域でも、メディアを通してたびたび報じられている。これらは自治体間の交流の一環として行われていることが多く、自治体が両国政府の意向に沿いながら行うのでその成否や、継続の有無は自治体次第ということになる。

　それに対して森さんがナムさんたちを通して始めた交流は地に足が

73

ついていた。学校間の交流こそなくなったが、高校教員との交流は現在も続いている。一昨年チャンさんと一緒に来日したある高校教員の「政府間では仲良くできていないけど、私たちは信頼し合いましょうね」という言葉が耳に残っている。

6. 法吉小学校の熱血教師とつながる

　松江市立法吉（ほっき）小学校、市街地の北西部にあり、昔はのどかな田園地帯であったが、現在では新興住宅地として発展を続けている地域の学校だ。法吉小は森さんにとって校長として4校目、そして教職最後の学校である。しかも定年まで残り2年だ。「残った自分の任期中には、大きな事故やもめごとなどなく教職を終えたい」と、考えてしまう校長がいても不思議ではない。あるいはそこまで打算的でなくても、2年間では、中々自ら思い描くような学校経営を全うするのは困難だと言えよう。一般論ではあるが、校長が特定の学校に赴任し、学校経営の基盤をつくるのに2年間を要し、3年目となったところで軌道に乗ると言われる所以だ。したがって、赴任時に残り任期が2年で転任又は退任の立場に立たされた校長の多くは、厳しい状況に立たされながら、その任務に当たらなければならなかった。

　森さんには、打算も、あきらめも一切なかった。一村一校の八雲小の時代のように人事まで希望通りに動かすことはできなかったが、どこの学校に行っても、森さんとチャンネルが合いそうな優秀な人材はいる。森さんは、人材を発掘し、育成する能力にも長けている。普通2年間かかると言われる学校経営の基盤づくりを半年で仕上げ、残りの1年半ひたすら実践に取り組み、一切休憩をすることなく最後まで突っ走った。既存の人材（教職員）は、森さんのハイペースにやや戸惑いながらも追走し、信じられない速さで、森さんが考える授業づくりに向かう基盤を

作っていった。赴任早々の職員会議で、翌年には国際理解教育研究大会を開催することを宣言し、これに向かって走り始めたのだ。

　基盤ができたところで、授業研究会の講師として多田さんを迎えた。そこでの多田さんの講話は森さんが赴任以来言い続けてきた、本物体験を重視し、そこから生じた疑問や感動を課題に結び付けることや、体験学習を通して子どもの追求意欲を高め、対話型の学習によって学びを深めることなどであった。また2年目には、前任の本庄小時代に森実践を支えた一人である荒川仁美さんを迎え入れ、荒川さんの公開授業をモデルとして、対話型授業の在り方を具体的に提案した。

　森さんの矢継ぎ早の提案に対して、はじめは反発していた校内の教職員にも変化が見られ始めた。最も彼らはもともと優秀な資質を持った教師たちであり、自分たちが行ってきた実践が、森さんが提案したものと共通したところが多い実践であることに気づいていた。ただ研究内容については、大筋では合意できても細部では異なる点もあり、もっと詰めておかなくてはならないことは多い。それに、他にも研究を進めなければならないと考えている課題もあるし、新校長の出勤初日の職員会議で

【こぼれ話】⑧

　研究主任だった秦さんによると、森さんは既に3月末に、研究構想をA4用紙3枚程度にまとめ、秦さん外数名の教師を校長室に集めて説明し、了解を求めた。

　話を聞いて秦さん自身は反対ではなかったが、同僚の中には反対する人もいた。研究構想については、教職員の意見をもっと聞いてから決めて欲しいというものだ。法吉小では、前年に総合的学習について研究しており、それを方向転換し国際理解教育に向かうとは、今までやってきたことを否定されるように受け止めた人たちもいたようだ。実際は方向転換ではないし、結果的には理解されたが、森さんやや強引だったか。

いきなり研究大会の開催宣言は、やや性急だったか。

　森さんは、「最も自分に反発していたのは、研究主任の秦澄江さんだった。」と言っていたが、どうやらこれは一方的な思い込みだった。彼女は理論的にも、実践上でも優れた手腕を発揮する極めて優秀な教師だ。それにまっすぐで、自分が信じる道を突き進んでいく熱血教師タイプだ。まともに議論し合っては、たとえ森さんであってもたじたじであったことは容易に想像できる。異なっているのは内容論ではなく、むしろ森さんが事を急ぎすぎたことに起因することだ。しかし、困難に思えた合意も時の経過が解決してくれたこともある。森さんの一つ一つの課題に対する誠意ある対応や、一人一人の良さを生かすことに長けた対応により、初めは不満を抱いていた教師たちが心を動かし始めた。短期間で実践研究の成果は上がり、教職員一丸となって取り組んだ研究大会では、公開授業の中で、韓国の初等学校との SKYPE を利用した大画面での、交流授業を実現させている。市内の ICT 関連会社の協力を得た学校でのこのような取り組みは、当時としては画期的なことであり、国際理解教育の可能性を広げたと言える。もっともこのような交流は、技術が進歩した今では全く珍しいことではない。オンラインでの授業は、コロナ・ウイルス感染を避けるため一気に普及し、どこの学校でも普通に行われている。便利な反面、必要以上にこれに頼ると、人と人とが対面で触れあうことの意義を損なう危険性をはらんでいる。生かして欲しいのは、オンラインより、対話の中身の方であることは言うまでもない。

　研究主任の秦さんはと言えば、この頃には森さんが最も信頼する教師となっていた。あの時から十数年の歳月を経た今では、島根大学教授を辞して名誉教授となっておられた夫の明徳さんと共に、城西公民館の別館「にこにこホール」で子どもたちを相手に、「わくわくサイエンス」教室を開き、子どもたちに科学「の面白さを教えている。秦さん夫妻の地

域貢献は、今でも森さんとのネットワークでつながっている。科学教室は大変人気が高く、城西公民館に二クラス開設し、秦さんはさらに、別の地域でも同様の活動を行っている。かつての熱血教師は、今でも熱血教師であり、それを支援するのは森さんである。

7. 一度に三つのグループと同時に会話

　本章では、森さんの他者とつながるための話術やネットワークについて、具体的な例を上げて話を進めてきたが、誰にでも中々まねができないことをもう一つ上げておきたい。それは、三つのグループまたは個人と、それぞれ違う内容について、同時進行で対話・会話ができることだ。

　城西公民館の事務室は、いつも多くの人がやってきていて多忙だ。職員もその対応に追われことになる。三つあるいはそれ以上のグループまたは個人が、同時にやってきて懸案事項について話し出すと、もうパニックになる。そんな時森さんがやることは、一方のグループの言い分について丁寧に話を聞きつつ相槌をうち、他方には質問をしておいて、回答について考えるよう促し、さらにもう一つのグループまたは個人には、讃辞と同意の言葉を送ると言った具合だ。

　この技は、子どもたちのグループ対話の学習でも生かせそうだが、森さんがそれをやったのは見たことがない。一つ一つのグループをじっくり指導したいという思いがそうさせたのだろう。

　私は、二つのグループと同時進行で話をする人は、他にも知っているし、これは多忙を極める人にはむしろ求められている資質の一つだ。だが三つのグループと同時進行で話す人は森さん以外に知らない。世の中広いので、ひょっとしたら三つのグループ、あるいはそれ以上のグループと同時に話す人がいるかも知れないが、これも、たくさんの人たちを大切にし、つながって生きるためには必要なのかも知れない。

第6章　ユーモアあふれる豊かな発想
― 異なった視点から見る発想と表現力 ―

　森さんの発想は少し変わっていて、ドキッとするようなところがある。しかし、それは何も突然にそうなったわけではない。幼少のころから、身の回りの自然や社会現象などに興味を持って接していたことなどが関係するのだろうか。その発想には独特のものがあるように思うが、実は森さんと同じ匂いがする人たちがすぐそばにもいた。ここでは、その辺りも併せて探ってみたい。

1. 豊かな発想の原点

　森さんと話をしていると、いつの間にかその独特の世界観に引き込まれてしまうことがある。多くの人たちとは少し異なった視点から、物事を見ているからだろう。森さん自身はそこらあたりをどのように考えているのだろうか。自己分析によると、森さんが小学生のころ一番影響を受けたのは、当時の学級担任であった田部安富さんだそうだ。教室の中で勉強したことよりも、とにかく外へ出て遊ぶことを奨励された。森さんの小学生時代の母校は雑賀小学校だから、遊んだ場所と言うのは、近くの床几山やその周辺であろうか。あまり知られていないかもしれないが、森さんは小動物や植物などに関して結構博学である。動植物の名前はもとより、その特性や生息している場所など、それも図鑑や事典などから得た知識ではなく、実物に慣れ親しんだ人にしかわからないようなことを知っている。

　5年生の理科で、魚が受精・産卵してから成魚に成長するまでの様子について調べる学習がある。多くの学校がメダカの生育を通してこの授

業を行なっている。例によって一昔前の津田小学校5年生の私の学級では、隣の森学級と連れ立って近くの川へメダカ捕りに出かけた。だが、メダカはどこをさがしてもなかなか見つからず、困り果てていると、森学級の子どもたちがびく代わりの絵具用バケツに、いっぱいのメダカを入れて帰ってくるではないか。何処で捕ったのか場所を聞き、最終的には何とか教室で成育するメダカを確保し、ひとまず事なきを得た。

　森さんは、取ってきたメダカの中から必要な数だけ選び、子どもたちと相談しながら、残りは川に放してやっていた。一匹、一匹慈しむように放すので、子どもたちの中にはメダカに向かって、「ありがとう」などと声掛けをする子も出てきだした。この時点で、森学級と私の学級のメダカ学習には、すでに大きな差ができていたが、そのことに気が付いていない大バカ者の隣の学級の担任は、そばでただ見ているだけだった。後でわかったことだが、この時に捕れたメダカの捕獲場所は二ヶ所あり、それがどんな場所かについて調べることで、子どもたちの目をメダカの生育環境に向けさせたかったようだ。「メダカ」という愛称の森学級の学級通信は、その後数回に渡って学習の様子を細かく綴り、途中で発行回数のペースがダウンし出すと、「メダカが活動するのは春だけ」などと冗談をとばしながら、ユーモアたっぷりに話していた姿を思い出す。これを読む保護者の立場からすれば、毎回の発行が楽しみであったに違いないだろう。改めて森さんの感性の豊かさを思い知らされた。

　捕獲したメダカについての、森さんの指導は的確かつ自然だった。やはり自然が身近かな場所で育つかどうかは、感性の豊かさと関係があるのだろうか。私自身も田園が広がる自然の中で育ったのだが、森さんのように感性豊かではないし、生き物や植物の知識もない。そこで遊びはしたが、生き物のすみかや植物の名前などには興味を示さなかったのだ。してみれば自然豊かな環境の中で育てば、感性豊かな子どもに育つとい

う訳ではなさそうだが、何がしかの関連はありそうだ。

　私の推測ではあるが、自然が豊かな場所で育つと、小動物や植物、さらには山や川などの自然そのもの、神社・お寺など子どもたちの格好の遊び場からの視点で、物事を見る・考えることができる素地ができる。あるいはこのような自然体験は、豊かな読書と置き換えることが出来るかも知れない。その素地はそのままだと、だんだん消滅するが、その時に誰かが、「すごいね」といっしょに感動したり、疑問を持ったり、あるいは小川で捕獲したメダカも生きているということを教え、放してやるような助言をしていたら、ものごとを他者とは異なった角度から見ることができる子が育つのでは？と考えた。ひょっとしたら、森さんを山野に連れて行き、遊ばせながらこのような助言をしたのは、元担任の田部さんだったのではないかと想像する。

２．同じ匂いを持つ三人

　森さんが他者とは異なった視点で物事を見、豊かな発想をすることができるのは、どうやら子どもの頃の自然体験と無関係ではないことが想像できる。しかし、それだけでは以後の森さんの大胆かつ積極的な言動を生んだとは考えづらい。既に第１章で述べたように、森さんは破天荒なところもあるが、基本的にはむしろ「石橋を叩いて渡る人」なのだ。そのことは、イベントを開催したり、人と会う約束をしたり、どこかへ出かけたりする様な時に、複数の人に電話をしてこれを確認したり、そのことを別の人に電話して二重に確認させたりする周到さからもよくわかることだ。また会議での打ち合わせ事項や合意したことなども、しつこいくらい確認する。しっかり準備をし、万全を期すのだ。

　それにも関わらず森さんはなぜ、そんなに大胆なのだろうか。それは、おそらく何か特別な出来事に出会ったことがあるとか、森さんの行動に

強い影響を与えた人の存在があったのではないかと考えられる。そう考えた時に、私の頭には二人の人物の顔が浮かんできた。森さんを含めてこの三人は同じ匂いがするのだ。一人目は、もちろんあの奥原省一郎さんだ。恵曇小で出会って、破天荒な活動をリードしたのは奥原さんらしい。しかし、森さんもそれに呼応していっしょに行動し、培ってきたものが津田小で開花したと考えるのが妥当なところだろう。

　二人そろっての活動は、森さんのサウジアラビア赴任で一時中断した。森さんがサウジアラビアから帰るのと入れ違いに、今度は奥原さんがブラジルのベレーンへと赴任した。在外在住は１年間のダブリがあるので、５年間は別々に活動している。この間の活動の仕方は対照的だ。奥原さんが津田の畑つくりや井戸掘りをした例のように、黙々と一人で活動するのに対して、森さんは、とにかく周りの人々を一緒に巻き込む。お得意のスタイルだ。

　森さんの帰国は、奥原さんより２年早い。そのことについては第１章で述べたが、同じ時期に森さんは、もう一人の自分と同じ匂いのする人物と出会っている。その時期は私が森さんと出会ったのと同じだが、同じ匂いがする故に、お互いある意味で衝撃だったであろう。錦織さんとの出会いがそれだ。錦織さんは、多田さんの言葉を借りれば「異能」の持ち主だ。しっかりとした教育理論を持ちつつ、口先で言うよりより体が先に動く方で、奥原さんや森さんとは波長が合う。社会科学習を得意とする錦織さんの教育実践には森さんも一目置いており、錦織さんから学ぶべきことは沢山あると考えていたようだ。教育そのものの考え方や実践を通して、それは森さんの実践にも影響を及ぼすことになる。

　２年後、奥原さんが帰国したところで役者が揃った。この年に子どもたちの素朴な疑問に答えるべく、「縄文時代の一日を再現する会」（通称からむし会）が結成されている。門脇節朗さんを会長とするこの研究グ

ループは、子どもたちといっしょに縄文の竪穴住居をつくり、衣食住の追体験をし、翌年には丸木舟「からむし二世号」での隠岐島—島根半島間の航海を実現させている。

　同じ匂いがする三人であるが、おもしろい違いがある事がわかる。竪穴住居復元に当たって、「何はともあれとにかく実現させよう」とどんどん動き出したのが奥原さん、周りの雑音など気にせず、「なぜ」の理論を固めながらひたすらプロジェクトを進めたのが錦織さん、それに対して「隅の方とは言え、校庭の一角に竪穴住居を立てて良いのか？」「第一、校長や教育委員会は許可するだろうか？」などと心配し、あれこれおぜん立てをしたり、意見を聞いたりして確実に事を進めたのが森さんだ。発想の豊かさと言う点は共通だ。だが奥原さんはその発想を確実に行なうことを何よりも優先させる。錦織さんは史実に忠実であることや、その理論的根拠をしっかりさせることを考えながら進める。森さんはと言えば、せっかくのプロジェクトが周りの人たちからも歓迎されるよう動く。事業の全体としてのバランスをとる役割を果たすのだ。リーダーの門脇さんはそれをしっかり受け止めて、全体をまとめる。それぞれの役割分担がよくできている。おなじ匂いを持つ三人のリードで着実に事は進んだ。森さんたちの発想が生かされた良い事例だ。

３．松江城の学習で火縄銃

　日本全国には、主として戦国時代から江戸時代初期に建てられたお城や、石垣のみが残っている城址、遺構などがたくさんあるが、建造時のままの現存天守が残っているのは、全国で 12 城だ。その中で松江城の天守閣を含む５城が、国宝に指定されている。国宝に指定されるには諸条件があり、松江城の場合、それらの条件を満たした上で決め手となったのは、築城を裏付ける祈祷札の発見だったようだ。「松江城を国宝に」

と願ってきた市民や市当局は喜びに沸き、様々な事業や広報活動が行われた。2015年のことである。そんな騒ぎの中で、松江城のことを地元である松江市の子どもたちが、よくわかっていない実態を憂慮した森さんは、松江市の教育委員会を動かし、島根県と松江市が推し進めている「ふるさと学習」の一内容として、松江城を取り上げるよう進言し、実現させた。松江城についての学習は、松江歴史館の専門館だった宍道さんが出前授業などを行っていたが、これと呼応するように、6年生の社会科の歴史学習の中で、あるいは発展学習として総合的な学習の中で学習させようという提案だ。

学校の授業について、地域代表としての公民館長からの提案であった。しばらく経ったある日、このプロジェクトを進める市教委主催の委員会が持たれた。参加者として学校サイドから当時の校長会代表と職員代表の教諭数名、地域代表として森さん外三人、事務局として市教委の課長外のメンバーだ。会議は次年度をまたいで三回開催されたが、森さんはじめ公民館サイドのメンバーから「見学や体験を重視し、子どもたちが松江城についての認識を深めるだけなく、これについて対話を通して学ぶ」よう提案した。森さんからは、松江藩主の堀尾吉晴が重用した火縄銃を、直接手に持って重さを実感させる体験をさせることで、子どもたちの学習意欲がわく。ぜひこれを取り入れて欲しいと願った。

しかし、それに対して、学校サイドのメンバーからは、「公民館サイドの提案については、提案された課題解決型の授業は必要との認識で理解するが、総合的な学習では各校既に計画があり、社会科の発展学習で取り上げるとしたら二コマが限度だ。松江城について理解させる（知識を詰め込む）授業を二コマ程度組むのが適当だ。」との主張だ。最終的にはモデル校でその授業が公開され、教師用の手引きが作成されたことで、プロジェクトは終了した。

モデル校の公開授業では、子どもたちに対してたくさんの資料が提示され、教師の発問に対して２〜３人の知識が豊富な児童が発言、発言内容について教師が補足するという、教師主導・知識伝授型の授業が展開された。各学校ではこの手引きを参考にして、松江城の学習を行うことになった。「非常に残念だね」とは、森さんの弁だ。一つだけ救いだったのは、さらなる発展学習として「観光客にリーフレットを作って配る」とか、「学んだことをもとに観光客のガイドをする」プランを提示した教諭がいたことだ。森さんを含めた公民館サイドの内村さんと私、それに安来市の月山富田城址がある、広瀬公民館から参加した平原さんは、なぜ森さんの体験（火縄銃を持ってみる）を重視するあの発想を取り上げなかったのかと悔やんだが、がんじがらめの現場の体制からは、致し方ないことだったかもしれない。

　結局、火縄銃を扱う授業は、委員会とは別途に、多田さんの指導を受けて、共創型対話学習の研究を進めていた山口校長の古江小学校で行なうことになり、森さんと私もこれを参観させてもらった。当日は武者姿でほら貝の音と共に登場した松江若武者隊の本間さんと、鉄砲を片手に毅然として登場した鉄砲隊の大原さんの姿を見て子どもたちは圧倒されていた。お二人のお話と、火縄銃発射の実演までの所作を見学した後、銃に触ったり、大原さんと一緒に銃を所持させてもらったりして、その重さを実感した。感想発表では、予期した通りの驚きや感動の様子が伝わってきた。それだけに、森さんの発想と提言が生かされなかったモデル校での授業が残念でならなかった。

　なお、森さんの公民館長としての「ふるさと学習」への提言は、このほかにも堀尾吉晴の松江城築城についての紙芝居の制作や、綿花の栽培を通しての学習などほかにもいくつかある。その中には公民館での歴史教室として公開したものがあるが、地元の小学校や幼保園にも提案し、

幼保園では実際に綿花の栽培と糸つむぎを体験している。とにかく森さんは、その豊かな発想で、様々な取り組みを次から次へと仕掛けるのだ。本当にエネルギッシュな人だ。

4．ニックネームの命名

　この人の頭の中の構造は、いったいどうなっているのだろうと思うことがある。きっと様々な方向にアンテナが張られ、神経が交錯し合っているのだろう。人の行動や言葉をよく観察し、瞬時にその人の特徴をとらえたニックネームを命名するのが実にうまい。それも、ユーモアあふれるそのニックネームによって心が和まされるだけでなく、人を動かす原動力にもなっている。

　またまた古い時代の津田小学校での話になって恐縮だが、私が在籍した4年間のうち、はじめの3年間の校長は常松さん、残りの1年は連達さんだった。連達さんは、さらに3年間森さんと一緒に在籍している。からむし会の「縄文時代の一日の再現」で竪穴住居の復元や、丸木舟による航海を後押し、支援した校長である。からむし会の活動においても少々のことなら、大目に見る太っ腹な人だった。

　連達さんにはニックネームが付かなかったが、常松さんには立派なニックネームが付いた。何とその名は「パンダさん」だ。小太りで身長もそう高くはなく、見た目の印象が何となくそうネーミングさせたのだが、パンダの愛らしいしぐさや、圧倒的な人気ぶりを常松さんにかぶせたのだろう。管理職として言うべきことはきちっと言うが、しつこくはなく寛容さがある。縄文の竪穴住居復元の時には、すでに他校へ転勤していたが、住居の柱用の木が必要だとわかると、自宅の裏山の雑木林に入り、木材を提供した人でもある。

　パンダさんの名は、瞬く間に全教職員に知れ渡り、一部子どもたちに

まで伝わってしまった。さすがに、本人に向かって「パンダさん」と呼びかける人はいないが、その名前については本人もご存じだった。第三者として話題に上る時には、何の違和感もなく使われていた。命名者の森さんもしかりだ。果たして森さんのユーモアをこめた思いは、全職員に好意をもって受け入れられた。

　その他にも森さんは、たくさんの人にニックネームを命名した。もう忘れてしまって思い出せないものが多いが、今でも印象に残っているのが、「全斗煥」（ぜんとかん）だ。韓国の元大統領で、現在では、メディアでもチョン・ドゥファンと発音している。これはニックネームと言うより、そのものずばりの名前を当てはめたものだ。全斗煥大統領は、日本のメディアを通して、独裁者としてのイメージが強い大統領と報道されていた。したがってあまり良いイメージはなかった。「全斗煥」の名前をもらったのは、学習でも生活でも非常に厳しく、子どもが指示通りにできないとできるまで許さない厳しい教師だ。

　日直勤務で、夕刻5時過ぎに、校内の戸締り確認のため校舎内を巡回している時のことだ。ある教室に入ると、一人の女の子が椅子に座ってしくしくと泣いている。目の前には給食の残飯がある。どうやらきらいな食べ物があり、居残りをさせられていたようだ。4時間以上に及ぶ異常な時間だ。その場は、「担任の先生に話しておくから帰りなさい」と言ってその子を家に帰し、そのことを例の全斗煥さんに伝えると、「わかりました。だが私が責任を持ってやっていることだから、勝手に余計なことをしないで下さい。」と言われてしまった。

　子どもたちに要求していることは間違ってはいないのだが、できない子に対しては異常なまでに厳しく寛容さがない。それに拘束時間が長すぎる。似たような場面は他にもあり、とうとう森さんからは全斗煥と言うニックネームをもらってしまった。さすがの森さんも全斗煥とでも呼

んで、他の教師の注目を集めるくらいができることの限度だったようだ。

　ゆかいなニックネームを生み出した森さんだが、元からむし会のメンバーの一人である岩迫さんもありがたいような、ありがたくないようなニックネームをもらっている。その名は「銀行マン」。からむし会の会計係を一手に引き受けていた。その実直な人柄とも合わせてそう命名したのだ。勤務終了後に近くの居酒屋に立ち寄っても、いつも「正直」で「誠実」な岩迫さんが、会計を担当し、車の運転手をしてくれたおかげで、森さんたちは安心してお酒を飲むことができたのだ。

　最近でも面白いニックネームがある。ある人が森さんの説明を頷きながら聞いているので、よく理解していると思っていた。ところが実際には森さんの言ったことを十分に理解しておらず、わかったふりをしていただけだった。こんなことが何回か続き、ことが行き詰ってしまった。とうとう森さんはこの人を、ふわふわとしていてとりつく島がないとの意味で、「クラゲ君」と呼ぶようになった。

　クラゲ君には、それでも逃げないで浮いているという意味もあるようだ。言われた本人にとってはあまりうれしくないネーミングなので、本人の前ではこの名は使えない。中々手厳しいが、特徴をよくとらえたそのネーミング力は、今も相変わらず健在だ。ひょっとしたら、私もどこかで手厳しいニックネームをもらっているかも知れないが、それはそれで良しとしよう。

第7章　ピンチをチャンスに変える

― 赴任した場所の自然や風俗、条件を生かして ―

　森さんは、本来どっぷりと地域につかり、たくさんの地域の人たちと関わりながら、赴任した場所の自然や風俗を生かして実践することを得意とするが、与えられた条件が厳しいなかでも、自らこれを切り開いていくたくましさを持っている。「ピンチはチャンス」、海外などで困難な条件を正面から受け止め、むしろそれを生かして奮闘した森さんの姿を追ってみたい。

1．土帰月来からのスタート

　森さんの管理職としてのスタートは、「中国太郎」の異名を持つ中国地方で一番長い川、江の川下流部の河畔に位置する川越小学校だった。1990 年4月からの3年間、松江市の自宅から乗用車で約2時間半の道を通った。単身赴任であったため、土曜日と祝日の前日に我が家に帰り、月曜の朝任地にやって来るところから、「土帰月来」（どきげつらい）などと揶揄されることもあったが、地域行事などへの参加でこの原則は崩れることも多々あった。

　「郷に入れば、郷に従え」ということわざがある。「ある地域に行けば、たとえそれが自分のモノの考え方、価値観と違っていても、その地域の風俗や習慣に合わせて行動した方が良い。」と言う、どちらかと言えば、自分の考えを抑えその地に合わせて行動する意味で使われることが多い。しかし、森さんはその地域の風俗や習慣、モノの考え方を尊重し、地域行事があれば積極的に参加し、むしろそれを生かしてより魅力的な活動にしようと、積極的な考え方をする方だ。「郷に入れば、郷に従

え」に合わせて言うなら、「郷に入れば、郷の特徴を生かして活動する」人となるだろうか。また困っている人には、「ピンチはチャンスだよ」と言って、励ましの言葉を送るのが常だった。様々な困難な状況にありながら、それを生かしつつ課題の解決に取り組んだ。

　なお余談だが、森さんの川越小学校への異動内示があった後、当地の教育長への挨拶方々任地の様子を見に、一緒に川越まで行ってみた。この時単身赴任であることを気の毒がって、「これは大変だ。」などと笑いながら声をかけていた私が、１年後には川越小学校からさらに一時間、つづら折れの坂道が続く三つの峠を超えて、広島県との県境に位置する市木小学校へ赴任することになろうとは、いったい誰が予想しただろうか。その時には、しっかりと歓迎の言葉でお返しを受けた。

２．授業研究の在り方にくさび

　制約が多い環境の中で森さんが取り組んだことは、地域の特徴と言うわけではないが、低調な議論で終わる授業研究の改善だった。川越小学校では、森さんにとってあまり多くの時間はなかった。週末の土帰月来のための乗用車の運転は、時間の浪費だけでなく疲れた体に重くのしかかるし、学校には事務職員が未配置のため、教頭としての仕事に加え事務職の仕事も一手に引き受け、多忙を極めた。校長に対しては、学校運営上の問題についていくつかの進言をした。校長は一応頷いてはいるものの、積極的に何かをしようと動き出す様子はない。

　お手上げ状態ながら、いつもの明るさとユーモアで教職員の方へ目を向けた。最初に森さんの目に止まったのが、最年長の山田澄子さんだ。彼女は自分より年下の教頭である森さんに対しては、いつも礼儀正しいし実直だった。授業では少人数の利点を生かして、国語や算数など丁寧な指導をし、子どもたちも伸び伸びと育っていた。作文指導にも優れた

実績があり、森さんはこの山田さんの授業を若い教師たちに学んでもら
おうと考えた。

　島根県内でも、石見地方と呼ばれる県西部の農村部、山村部には小規
模の学校が多く、職員も家族的で、授業研究会などにおいても、あまり
論争は好まず「まあ、まあ」と収めてしまう傾向があった。結果として
教師集団は仲良し集団ではあるが、切磋琢磨という面では物足りないと
ころがあった。俗にいうぬるま湯のような状態だ。森さんはそう言った
ことを十分承知の上で、活発な授業研究を試みた。若い教師たちが賞賛
する山田さんの授業に、あえて課題を投げかけたのだ。今まで校内であ
まり波風が立たなかった川越小学校は、にわかに活気だってきた。職員
室の中で授業論議が飛び交うからだ。その議論の輪の中心には、ほかな
らぬ森さんの姿があった。当時、川越小学校で教師としての一歩を歩み
始め、森さんの影響を受けて在外教育施設へ派遣された持田さんなど若
い教師たちにとっては、「ぬるま湯状態からの脱出」であった。

　森さんの思いは、郡内の教師たちにも向けられた。江の川及びその支
流に沿って点在する邑智郡内の小学校は、川越小学校をはじめ複式学級
を持つか、一学年一学級の小規模校で、別名親子学校と呼ばれる学校が
多かった。親子のように仲良しだという意味ではない。教職員の年齢が、
管理職など四十代後半～五十代の世代と、二十代の教諭世代で構成され
ており、「世代間格差が大きい」からだ。この世代間格差はいくつかの問
題をはらんでおり、川越小学校もまさにそうだった。「親子学校の問題
にどう対応するか」は、特に邑智郡などでは大きな課題となっていた。

　郡内の学校の教師を集めて、教科ごとに授業研究を行う邑智郡教育研
究大会が持ち回りで開催されていた。郡教研と呼ばれるこの組織につい
ては第2章で述べたが、さらに7町村別の研究組織があり、その先には
各校内研究組織もある。だが、問題は中味だ。森さんが社会科の授業研

究会に出席し、意見を述べても他の参観者からはこれに対する意見は出ず、低調な中で協議を締めくくったのが指導主事だ。その指導助言が「今日の授業は素晴らしかった。何と言っても手の上げ方が良い。まっすぐきちっと伸びていて気持よい。返事の仕方もとても良い」と形式的なことばかり誉めまくり、授業の内容については、良かったの一言で済ませた。後は用意してきたプリントを読むだけだった。

　邑智郡の教師の名誉のために付け加えるなら、以上の問題点は、個人的な資質に起因するものでは無く、少人数の教職員組織や体制の在り方の方に問題があり、これを打破するには思い切った意識改革や体制の整備が必要と思われる。郡内の教師の中にはしっかりと研究し、授業研究会でもこれは「できる」と思う教師に出会うこともあった。森さんが赴任した翌年に私が赴任した市木小学校でも、そのような教師の一人に出会った。その時は校内での道徳の授業研究であったが、私はその授業について、子どもの意見の引き出し方について賞賛しつつ、資料分析の不足や発問について批判的に意見を述べたことがある。すると教職５年目と言うその教師は、「私は教師になって今日初めて、授業について批判されました。今までは褒められるだけで、誰も批判しないので、自分の授業はこれで良いのだと思っていました。今日は批判されて素直にうれしかったです。」と言うのだ。彼女は優れた授業者であったが、これが当時の邑智郡の実態でもあった。まさに、危機的な状態であると言えよう。これにくさびを打ち込んだのが森さんの川越小学校での実践であり、郡の教育研究会での発言だった。

３．サイゴン派遣からジッダ派遣へ

　川越小学校での３年間の勤務を終えた森さんは、ここからイタリアのローマ日本人学校へ、校長として派遣されている。これについては本章

の後半に譲ることとし、まずは、それより十数年前のサウジアラビアの
ジッダへの赴任について述べる。

　1960 年代、戦後の日本の経済発展に伴い、比較的長期にわたり海外
に駐在する日本人が増えたことで、日本人学校など在外の教育施設が、
世界中に設置され始めた。これらの学校は、家族を帯同する日本企業の
駐在員の子どもたちが、日本の学校へ帰った時に困らないように、でき
るだけ日本の学校と同じような教育をして欲しいとの保護者の願いに
応えるように設置された。半官半民の私立学校である。当初、在外教育
施設への派遣の対象となったのは、全国各地にある教員養成系大学の附
属学校の教師であったが、それだけでは絶対数が不足した。さらに、で
きるだけ多くの教師に在外で勤務する機会を与えることで、海外子女教
育の充実を図るとともに、それらの教師には、在外での経験を帰国後の
教育活動に生かして欲しいとの文部省の願いがあり、各都道府県教委に
在外教育施設派遣教員の推薦を依頼するようになった。

　そんな状況の中、島根県教委は公募で在外教育施設派遣希望者を募り、
希望者の中から選考して、当初は文部省を通して外務省に、後には文部
省に推薦する制度をつくった。森さんは島根県教委から推薦された在外
教育施設（日本人学校等）派遣教員の第一号となった。行く先として委
嘱されたのは、何とベトナム戦争が泥沼化し、戦争の末期を迎えていた
南ベトナムのサイゴンだった。1969 年 1 月のことだ。戦争真っ只中の
サイゴンへの派遣と聞いて、心穏やかであろうはずがない。サイゴンに
は日本人が住んでいて、そこに学校があるから心配ないと聞かされても、
本人はともかく、ご家族の心境は推測するに余りある。

　とうとう出発まで後わずかとなった。荷造りも終えたころ、TV のニ
ュースでは、サイゴンはまもなく陥落し、アメリカは撤退するだろうと
の報道をしていた。森さんの言葉を借りて言うなら、それでも親族が集

まり、少し大げさだが水盃で乾杯して、今生の別れを惜しんでいたところへ、教育委員会から電話があった。メディアの予想通り、間もなくサイゴン陥落で、アメリカ軍は撤退、在留日本人は帰国するとの連絡があり、森さんのサイゴン行は中止になったとのことだ。出発予定の一週間前の出来事だ。

　突然の派遣中止に呆然とする森さんであったが、4月から在外教育施設へ派遣されることになっていた森さんの、国内での居場所はない。在籍していた母衣小学校へは、既に後任教師の転入が内定しているし、3月末には盛大な送別会までしてもらっている。今更、母衣小学校へ出かけるのも気が引けるが、当分の間の研修場所は、他にない。肩身は狭いが、職員室の片隅で読書をするか、外に出て環境整備の手伝いをすることが、関の山であった。

　母衣小学校で悶々とした日々を過ごしていた森さんに、新たな連絡があったのは5月の半ばだった。サウジアラビア・ジッダ日本人学校を開設するために、6月からジッダへ派遣するというものだった。ジッダがどんなところかわからないが、森さんの中では「やっと行き先が決まった。」という安どの気持ちと不安が交錯したに違いない。派遣されるのは奈良県から、校長として派遣される今井さんと森さんの二人だ。

　ジッダはサウジアラビア南西部の最大都市で、紅海に面し、市街地は三方を砂漠に囲まれている。イスラム教の聖地メッカへの入り口であり、大勢の巡礼者たちであふれている。アラビアンナイトの世界をほうふつさせるモスレム（イスラム教徒）の町である。大音量で礼拝への参加を呼びかけるモスク（イスラム寺院）の、ミナレット（尖塔）に目を奪われがちだが、繁華街では一歩町へ出れば高級外車が列をなして走り、近代的なビルが立ち並ぶ中東きっての経済都市でもある。

　モスレムにとってメッカへの巡礼は、一生涯の夢であり特別なことと

されている。イスラム教の戒律は厳しく、その厳しさはスーンニ派とシーア派では異なっている。シーア派の方がより厳しい戒律で、飲酒や豚肉食禁止、また学校は男女別学で分断されており、女性は外出する時にはヒジャーブと呼ばれる黒い布で、顔を覆わなければならないなど規制が多い。私も森さんの帰国から３年後に、エジプトのカイロに赴任した経験があるので、イスラム教の戒律はある程度は理解できるが、スーンニ派のエジプトより、シーア派のサウジアラビアやイランの方の戒律が厳しく、違反者の処罰も厳格なようだ。

　森さんからは他にも厳しい話をいくつか聞かされた。エジプトではなかったものの一つに公開処刑がある。街の真ん中にある処刑場では、法に基づき斬首などの処刑が今でも公開されているそうだ。また、交通事故を起こすと、そのまま留置所に入れられることがある。同僚や知人などの迎えがあれば、お金を払って出ることができるが、誰も来なければそのままだ。留置所は壁だけで天井がないので、昼間は肌を突き刺すような直射日光にさらされ、夜は逆に底冷えがすることになる。何日間か拘留され、脳神経に異常をきたして解放された日本人もいたとの話も聞いた。

　さて、ジッダ日本人学校の開設であるが、現地日本人会の熱意により、着々と開校の準備が進められ、森さんたち二人の派遣教員の到着を今か

今かと待ちわびている所であった。開校に合わせるように新築された校舎は、一般住宅用のものであったが、小1から中3まで全校十数名の児童生徒が学ぶには十分であった。賃貸料も相当なもので、日本政府の助成の外、進出企業と保護者の負担で賄われたようだ。校舎には机、椅子、その他の備品が運び込まれ、7月1日には、補習教室として実質的な開校を迎えた。

　現地の在留邦人からは大きな期待をもって迎えられたのだが、子どもたちの様子はどうだったろうか。森さんは、ジッダ日本人学校の子どもたちの様子について日本の知人に宛てた手紙の中で、次のように語っている。

「長い外国生活のせいか、やさしさや思いやりと言った面で、我々も戸惑うことがあった。基礎学力が十分でないことは予想していたことだが同時に、生活や学習に対しての気力の乏しさをかかえていた。砂まじりの熱風と直射日光の下では、運動はもちろん歩くだけでも体力の消耗は相当のものだ。また、文化的な刺激が少なく、単調で水と緑のない生活で、観光地も保養地も無い、袋小路に入ったような孤独感と心理的圧迫は、子どもたちに家の中での単調な生活を強いらせた。このような状態におかれた子どもたちは次第に生気を失っていき、刺激に対してもあまり心を動かすことが無いようになっていた。動作も緩慢で、走ることはもとより、筋力、持久力、柔軟性がほとんどない子どもたちだった。」

　　～「異文化に暮らす」島根県海外子女教育研究会編

　　　　　　　　　　　　　　1989年発行より抜粋～

　このような実態を踏まえ、子どもたちの心に瑞々しさを取り返すことはできないだろうか。そう考えた森さんは、暮らしの中での気づきをメモする「発見ノート」や日記を取り入れた。平行して詩や物語の暗唱と

全文書写をさせた。その成果は徐々に出始めて、発見ノートの内容は豊かになっていった。運動不足を補うために、学校近くの大使館内のプールに連れて行き、休日には紅海の砂浜へ出かけることを奨励し、自分でも良く出かけた。様々な面で森さんたちの地道な努力が成果を上げつつある中、その年の10月にはジッダ日本人学校は正式に設立された。

　イスラムの戒律は、たとえ外国人であっても適用される。現地の人なら処罰、外国人なら国外追放だ。日本国内にいて考えるより、はるかに厳しいものだ。学校内や家庭では庇護されていても、一歩外に出ればそこはイスラムの世界である。「郷に入れば、郷に従う」しかないのだ。日本人の子どもたちにとっても厳しいものであることには変わりないが、その中でも笑顔を忘れず、限られた条件を最大限に生かすのが森さんだ。身も心も荒んでいたサウジアラビアに在住する日本の子どもたちにとって、「発見ノート」や日記などは救いの神であった。「ピンチをチャンスに」変えるのは、森さんの得意技の一つだ。

4．二度目の在外派遣は新設のローマ日本人学校へ

　川越小学校で教頭経験を積んだ森さんの13年ぶり二度目の在外教育施設への派遣は、新設するイタリアのローマ日本人学校だ。二度目は校長としての派遣である。一度目の派遣の際、ジッダ日本人学校の設立に尽力したことが評価されての登用だと考えられた。ローマには当時、主として国語や算数・数学などを教えるローマ補習授業校があり、これを母体として全日制の日本人学校を設立するというものだ。

　ジッダの時の森さんの立場は教諭であり、学校運営のことより目の前の子どもたちの現実を、どう変えていくかに全力をあげて取り組んだ。それに設立自体は日本人会や支える企業、大使館などの支援が厚く、さほど大きな問題もなかった。しかし、ローマ日本人学校は事情がちがっ

た。周りからの支援はあったものの、設立には最初からいくつかの問題があり、森さんはこれらの問題を一つ一つ解決しながら前へ向けていく必要があった。

一つ目は、保護者の考え方の違いだ。日本からの派遣教員の到着と共に、ローマ日本人学校はスタートした。しかし、保護者の考え方の違いは、最初のPTA総会で噴出した。ローマ日本人学校の保護者には、大きく二通りの考えがある。一方は日本の企業の駐在員で、数年の滞在で日本へ帰国する方たちの考え方で、他方は美術や絵画、音楽などの芸術活動や観光、飲食業などに携わり、比較的長期に渡りローマに滞在している人たちの考え方だ。企業の駐在員の方たちの希望は、できるだけ日本の学校と同様の教育をし、日本の中学や高校の受験にも備えて欲しいという考え方である。それに対して長期滞在の方々の希望は、日本のことを忘れないように、伝統的な行事などをとりいれながら、ゆったりと教育をして欲しいという考え方だ。最終的に、どちらの方向へ舵を切ったのか、明確な結論を出すのは難しいが、森さんのことだ。どちらにも不満を残さないアイディアを出して解決したことと思う。

二つ目は、補習授業校の併設問題だ。ローマ日本人学校は補習授業校を併設していた。現地のアメリカンスクールや現地校に通う子どもたちの、主として国語（日本語）の学習を行う土曜日だけの学校で、日本人学校新設に伴い閉校もしくは規模を縮小する予定だった。しかし、保護者の反対があり、日本人学校開校後も残すことになった。教師は全員現地採用であるが、森さんは授業日である土曜日も毎週出勤だ。この問題の解決は難しい。校舎や備品の共用、行事の共同開催などメリットもあるが、日本人学校サイドの負担が大きい。教育課程管理に人事管理、校舎共用問題、さてどう解決したか。補習授業校は現在でも存続しているようなので、当初の森さんの努力は生きているのだろう。

三つ目は、幼稚園の開設問題だ。ローマ在住の子どもたちのうち、義務教育年齢の子どもたちは、日本人学校又は、インターナショナル・スクールか現地校と補習授業校に通っている。だが、幼稚園には日本からの教員派遣などの助成制度がなかったため、学齢期前の幼児は、現地の幼稚園又はアメリカ系の幼稚園などに行かせていた。そこでこの際、日本人学校に併設する幼稚園を開設して欲しいと言うものだ。これには、森さんも簡単に首を縦にふるわけにはいかなかっただろう。もっとも現在では、独立したローマ日本人幼稚園が存在しているとのことだ。

　森さんがローマへ赴任した最初の夏休みに、私は当時中3だった娘を連れて、ローマを訪問した。エジプト在住中に2度訪問しているので、7年ぶり3度目の訪問だ。訪問の一番の目的は、森さんに会い、日本人学校やローマでの森さんたちの生活を垣間見ることだった。それでも、上り坂の道路でエンストを起こした森さん所有の年代物の中古車、オペルの後を押しながら、著名な観光地を巡った。フォロ・ロマーノやコロッセオ、パラティーノの丘などの史跡は何度見ても、素晴らしい物は素晴らしいと改めて思った。

　日本人学校は、ローマの中心部からは少し外れているが、多くの日本人が住む地域とは比較的近いところにあった。独立した敷地内にある校舎は、4階建てのビルの1階から3階までは日本人学校の教室などがあり、4階は何と森さんの私邸となっていたのだ。

　学校の敷地と道路の間は、鉄製のフェンスで仕切られているが、驚いたのは、フェンスの内側、ちょうど境界に当たるところに、使い古した注射器と思しきものが、逆さにして敷地の中に差し込まれているのだ。それも一本や二本ではなくかなりの数だ。麻薬や覚せい剤の類を使用した後、捨て場に困って放置していったものと考えられる。現地の人が処理されるとのことだったが、子どもたちが手にしなければ良いのだがと

気になった。

　校舎の階段は一か所なので、授業日に森邸に出入りしようと思えば、授業中の教室の横を通らなければならないようになっており、少し遠慮しなければという気になる。不都合な時もあるかも知れないが、好都合な時もある。特に森さんが親しくした現地採用の教員やその他の人たちが、学校へ出かけるついでに気軽に私邸を訪ねることができる。森さんはこのおかげで何人かの現地採用教員と親しくなっている。多くの現地採用教員は現地での生活が長く、情報通なのだ。現地の情報に疎い日本からの派遣教員にとっては貴重な存在だ。

　わずか三泊ほどの短いローマ訪問だった。多くの課題を抱えながら、やはり森さんは森さんらしく、ピンチをチャンスに変えるべく、それらの課題をもろともせずにはね返し、頑張っていた。

　中学生の社会科の授業では、安土桃山時代に「天正の遣欧使節」としてローマに派遣された少年たちの活躍を教材化した。後年、国内で開催されたある研修会で、この時に森さんといっしょに授業づくりに取り組んだ愛知県出身の教師である岡田さんと出会う機会があった。森さんの話で意気投合し、あの「伝統的技術を生かした工業・出雲和紙」の授業づくりの時のように輝きを放っていたと聞いた。岡田さん自身も随分教えていただいたと、感謝の言葉を述べておられた。その時の授業そのものは見ていないが、ローマに立地するという特徴を生かし、見学や体験

【こぼれ話】⑩
　森さんがイタリアから帰国した時のことだ。国際理解教育研究会で、帰国の歓迎会を持った。その時、森さんがア・カペラで歌ったのが、何と「オー・ソレ・ミオ」、それもイタリア語での堂々たる独唱だ。なかなかの声量で、一同驚くやら感心するやら、拍手喝采だったことは言うまでもない。

を取り入れた授業であったと伺った。

　森さんは現地採用教員を大切にする人だった。日本からの派遣教員と違って、厳しい条件で採用されているからだ。現地採用教員との親交は派遣中からあった。派遣２年目の夏には、現地採用教員の一人である永井さんが松江市の森さんの自宅を訪れ宿泊している。対応したのは留守居役の森さんの母、叔さんだ。私は前年にローマの森邸で、既にお会いしていて面識があったので、叔さん共々いっしょに食事をしたり、松江市内や近辺を案内する時の運転手の役を仰せつかったりした。森さんと永井さんの、つながりがあってかどうかは定かではないが、帰国後八雲小学校に赴任した森さんは、教育長の佐原さんはじめ、八雲小学校の教職員や教委職員など学校関係者多数を伴ってイタリア、ローマ日本人学校を訪問している。その時に、快く対応して下さったのが、この現地採用教員の方々だと聞いた。夏休みとは言え、閑散とした学校をよそに、教育長自らも同行したイタリア旅行は、この現地採用教員の人たちのお世話があったことで、単なる観光で終わることなく、参加した教職員が世界に目を見開くきっかけとなり、大きな成果となったであろう。

【こぼれ話】⑪

　イタリア旅行以外にも森さんは、仲間を誘って、シンガポール、中国、韓国などよく海外へ出かけていた。私のカイロ派遣中にも同僚らとエジプトへやって来た。その当時ピラミッドからの転落事故が何件か発生し、ピラミッド登頂は禁止されていたが、あえてピラミッドに登りたいという希望に応え、目立たないよう早朝のピラミッドに案内した。実際に登ったのは門脇さんと錦織さんで、森さんはとうとう登らずじまいだった。ここらあたり、慎重な森さんの性格の側面が良く出ていた。

第8章　花開く学級文化活動

― 地域住民は教師の心強いパートナー ―

　イタリアから帰国後に赴任した八雲小と、次に赴任した本庄小は、森さんにとって好都合なことが多かった。森さんが得意とする地域との連携が取りやすかったからだ。だがそれは、最初からそうだった訳ではない。森さん自身が地域へ足を運び、切り開いていったからこそできたことである。ここでは、主に本庄小での実践について足跡をたどってみたい。

1．八雲小学校から本庄小学校へ

　1993 年にローマから帰国した森さんは、1997 年までの 4 年間、八雲小学校の校長として意欲的に学校経営に取り組んだ。すでに第 5 章で紹介したように、文部省の教育課程研究校として音楽の研究指定を受け、その成果の研究発表会を持つとともに、自らが中心になって立ち上げた島根県国際理解教育研究会の研究大会を開催している。私自身は森さんが辿った道を追いかけたつもりではないが、結果として 1995 年から南米ペルーのリマ日本人学校へ赴任し、後を追いかけて在外へ派遣されたような格好になった。そのため、この年から八雲小在任の後半 2 年間と本庄小在任の 1 年間、計 3 年間の出来事については、時折森さんからくるエアメールで知ってはいたが、詳しいことについてはわかっていなかった。そこで、任期途中の 96 年の夏休みに一時帰国した時には、国際理解教育研究会の組織改革や、国内の教育事情の変化など新しい情報を仕入れ、再びリマへと向かったことを思いだす。

　八雲小学校で大きな足跡を残した森さんは、1997 年には松江市の本

庄小学校へと転任し、ここで4年間をかけ、本庄らしい特色ある学校を創り出している。校区の本庄地区は松江市中心部から少し離れた北東部に位置し、汽水湖である中海に面した田園地帯にある。小学校と同一敷地内には本庄幼稚園が、隣接する敷地には本庄中学校が、さらに本庄保育所と本庄公民館も近くにあり、教育関連施設が至近距離に集まっている。ここら辺りは八雲と似ているが、個人商店や金融、医療など諸機関が集中し、地域の中心地としてよりコンパクトにまとまっている、ちょっとした町だ。おまけに幼稚園長は小学校長が兼任している。森さんにとっては、得意とする地域の教育資源を生かし、地域住民と共につくる教育を推進するのに、もってこいの学校だった。

　私が再会するのは、森さんの本庄赴任から一年後になるが、一年間できっちりと学校の基盤を作り上げ、さらなるステップアップを目指していた。特に地域との連携には目を見張るものがあった。

2．ふるさと大好き、世界にはばたけ本庄っ子

　「ふるさと大好き、世界にはばたけ本庄っ子」、これは森さんが掲げた本庄小学校の教育目標だ。多くの学校で見かけるような知徳体のすべてを網羅した非の打ちどころのない教育目標あるいは児童像ではないので、深読みしないと良く理解できないかも知れない。一つの言葉の中にいくつかの願いが凝縮されているからだ。しかし言葉が明瞭で、メリハリが利いているので、教職員はもとより、保護者や地域住民、子どもにもわかりやすい教育目標だとも言える。ひょっとすると現在では教育目標と言うより、スローガン的なものに変わっているかも知れないが、森さんの赴任から四半世紀近く経った現在でも、県道に面した体育館の壁面には、この18の文字が躍動している。「ふるさと大好き、世界にはばたけ本庄っ子」は学校と地域の願いを込めて受け継がれている。

本庄小学校は、日本で6番目の大きさの湖である中海に面していて、校舎のすぐそばまで水面が近づいている。校地と湖面の高さの差は2～3ｍで、石垣が積み上げられた護岸で仕切られているが、一部は砂浜の湖岸となっていた。2005年には、大橋川でつながる宍道湖と共に、ラムサール条約の登録湿地に認定されている貴重な教育資源だ。現在の護岸は治水対策なども考慮しながら、「水辺の楽校」として整備されている。校舎からは、目の前の中海の湖面と、その先に浮かぶ大根島を近景として、遠くには中国地方最高峰の大山の雄姿を望む。まるで絵のような光景で、毎日が心洗われる環境だ。

　湖あり、山あり、田園あり、それに伝統的な産業ありと、自然的、社会的な教育資源は豊富にある。後はこれらを活用し共に教育活動を進めるための人材の確保だ。森さんは八雲の時と同様に、地域に出かけ、地域の人たちと交流する中で確かな手ごたえをつかんでいった。とりわけ森さんの心をつかんだのが、当時の本庄公民館長の津森準さんと元館長の安達惇さんだ。二人は、「地域の教育資源を生かし、地域の人たちといっしょに、本庄小学校の子どもたちを育てたい」という森さんの考えに感銘し、積極的に協力することを申し出た。森さんと津森さんの間では、「館長室は校長室、校長室は館長室」とすることで一致した。

3．花開く学級文化活動

　二人が感銘を受けた森さんのアイディアの一つが、「学級文化活動」だ。教科を中心とした教育活動に縛られていると、出て来にくい考え方であるが、学級文化活動は活動すること自体に価値があり、子どもたちが意欲をもって主体的に進める学習活動だと考えれば納得できる。元々の言葉の背景には、少し異なった考え方もあったようだが、森流の学級文化活動として進化させている。子どもたちが楽しいと感じることや価

値ある活動を通して、みんなで取り組むことの素晴らしさや充実感を味わう。「学級文化活動」を通して、様々な内容を分けないでいっしょに学ぼうと言うことだ。現行の総合的な学習より、むしろ統合学習の考えに近いものだったが、これを見事に総合的な学習へつなげている。

　「総合的な学習」、「学級文化活動」、「統合学習」と三つの言葉を使い分けた。言葉が異なるだけでなく当然その意味も異なってくる。「総合的な学習」が教育課程に位置付けられる以前のことであり、「学級文化活動」は教育課程上、特別活動に位置づけた。とらえ方や視点が異なるものの、違いを明確にする必要もないので、これ以上言及しないことにしたい。ただ、これら三つの学習の基底には、子どもの興味関心、主体的学習、現代社会の課題、価値ある活動などの共通するキーワードがあり、その意味で別々の学習活動を行っているわけではない。

　森さんが推し進めた学級文化活動は、自らも若いころから取り組んでいた。森さんにしてみれば今更新しく始めた取組ではなかったが、当時学校現場で模索されていた総合的な学習に、もっとも近い考え方の一つとして、周囲からの注目度も高かった。

　あるクラスでは北部の北山山系から流れ出る水がとてもきれいで、飲料水としてそのまま飲めるので、市街地からわざわざこの水を汲みに来る人がたくさんいることから、本庄地区の清流について、様々な角度から調べ、この清流を維持する方策について提案する学習をした。別のクラスでは、校舎のすぐ目の前の中海で獲れる生き物について調べ、多くの生き物が生息できる湖についての取組を学習した。子どもたちは校舎の横で上履きを脱ぎ、そのまま遠浅の砂浜から中海に入ることができる。午前中の長休憩や昼休みになると、多くの子どもたちが中海に親しみ、教員の間でもこれを見守る当番が出来ていたくらいだ。どちらの学びも森さんが推奨する本物体験が、学習の骨格を形つくっている。どのクラ

スでも同様に学級文化活動として、年間を通して学習し、年度末には「学級文化活動発表会」として、保護者や地域住民の前で発表する学習が定着した。地域住民は教師にとって、心強いアシスタントではあるが、むしろパートナーと言っても良いくらいだ。

　学級文化活動を推進し、学びを深めるためには、地域住民の協力が必要だ。森さんはこれまで、学級文化活動であれ、教科であれ、その延長学習であれ、地域住民の方々の力をお借りして学ぶことを常としてきた。地域の課題について学習しようと思えば、まずは教師自らがどんな課題があるのか調査し、誰に聞けばそれについての手掛かりが得られるのかについて知っておく必要がある。「ああ、そのことなら○○の△△さんに聞けば良い」との答えが返ってくる。森さんはそのことを、研究主任だった月坂さんにしっかり伝えた。月坂さんは職員の中では唯一の生え抜きの本庄育ちなので、津森さんや安達さんと共におあつらえ向きの地域人材でもあった。

　森さんの学校づくりにとって、学級文化活動は重要な意味を持っていた。文化活動のテーマに沿って、各教科の学習においても関連する内容を合わせて学習していた。大勢の人の前で自分たちが調べ、まとめた内容を発表することは、国語の学習と関連させることができるし、統計的な処理が必要な時は、算数の学習が生きる。合科とまではいかなくとも、発表のために替え歌でテーマ曲を作り、ポスターを描き、ダンスを踊り、裁縫や料理を駆使する手法は、クロスカリキュラムや、学級文化活動を中核とした統合学習に近いものだ。

４．クラブ活動と全校音楽活動

　森さんが学校づくりにおいて、学級文化活動の外に重視したのが、必修の「クラブ活動」と全校音楽活動だ。クラブ活動は本来、特別活動の

　「生き物博士」、子どもたちは親しみを込めて桑原さんのことをこう呼ぶ。事務主事である桑原さんの、水中の生き物についての豊富な知識や熱意には、森さんも驚いた。これを生かさない手はない。一度火が付くと、もうそれ一筋という一本気の性格だ。桑原さんのおかげで、水中の生き物が大好きになり、生き物の捕獲や保護にのめりこんでいった子どもは多い。森さんの期待通りの展開になった。

　桑原さんは、森さんによって生かされ、その桑原さんによって、子どもたちが生かされた。

内容の一つであり、「4学年以上の同好の児童をもって組織する異年齢集団の交流を深め、共通の興味、関心を追求する活動」（学習指導要領より抜粋）として位置付けられている。もちろん総合的な学習とは異なった目的で行われる活動だが、「共通の興味、関心」の中身を、地域の自然や文化、産業などの調査、体験を中心とした活動とし、異年齢集団の交流など特別活動の特質を生かした活動とすれば、総合的な学習とクラブ活動の両方の性格を持った活動となる。「ふしぎ歴史発見クラブ」、「わくわく自然クラブ」、「なぜなにおいしいもの発見クラブ」などのネーミングは、子どもたちが命名したものである。このクラブ活動の特色の一つに、地域講師の存在がある。歴史クラブには、郷土史に詳しい地域の歴史家がおられるし、おいしい物発見クラブには、公民館の料理教室で活動しておられる方々が参加される。わくわく自然クラブには、子どもたちの間では「生き物博士」と呼ばれている桑原さんがいた。なんと彼は本庄小学校の事務職員で、杓子定規に考えればクラブの指導はできないが、それを地域講師の一人として、当たり前のように依頼しているのが森さんだ。他のクラブにも、公民館を通して依頼を受けた地域講師がいて、担当教師と共に活動する。地域講師は一つのクラブに1名〜数名

いて、学校のクラブ活動への支援は、公民館の活動計画の中に組み込まれている。地域住民にとっても、子どもたちにとっても、どちらにとってもうれしい活動であり、公民館では館長の津森さんと共に安達さんの支援もあり、より強固なものになっていった。

　クラブ活動で体験したり調査したりして学習したことをまとめ、表現することも重要だ。まとめたことを研究物として図表にまとめ、校内や公民館に掲示したり、機会があれば発表したりする。クラブ活動では異年齢の子どもたちがいっしょに活動するため、内容や言葉の理解度等に差があり苦労することもあるが、それは又、お互いを理解しあって活動する良さを生むチャンスでもある。森さんはと言えば、クラブ活動の日や事前打ち合わせのため、来校する地域住民と談笑するのも忘れない。地域住民、とりわけ高齢者には絶大な人気なのだ。

　クラブ活動のほかに森さんが重視したもう一つの活動が、全校音楽活動だ。本庄小学校の子どもたちの歌声は本当にさわやかだ。それに歌っている子どもたちが実に嬉しそうだ。保護者や地域住民など多くの人たちが、そう感じていることであろう。仮に合唱コンクールに出場したとしても、良い結果は得られないかも知れないが、そんなことはどうでも

【こぼれ話】⑬

　「うっちー」と親しみを込めてそう呼ばれる内田さんも、森さんが積極的に重用した地域人材の一人だ。子どもたちの心をつかむのが実にうまい。「はい」と叩く手拍子一つで、子どもたちの表情が変わる。まるで魔術師のようだ。

　そんなうっちーにも弱点がある。どうやら、ネギが苦手のようで、給食のネギを皿の端によせているらしい。何と微笑ましい光景か。こんな姿を見たら、子どもたちは一段と親しみを感じることだろう。

良い。大切なことは、子どもたちが一体感を持って自己表現することだからだ。本庄小学校の全校音楽活動の基礎をつくるのに多大な貢献をしたのが、地元で音楽教室を開く一方で、小・中学校や幼稚園、保育所の地域講師としても、指導に当たっている内田多恵子さんだ。前にも述べたように、音楽に対する苦手意識が強い私にはよくわからない。しかし内田さんの指導を通して、初めはバラバラだった子どもたちのリズムがそろい、不安そうに歌っていた一部の子どもたちの顔が、見る見るうちに笑顔に変わっていく様子を何回か見学した。

　内田さんという心強い協働のパートナーを得て、中心となって全校音楽活動を指導したのが、当時本庄小学校の教頭であった田部和美さんであり、全校の教師だ。歯車がうまく回りだすと、指導体制の息も合ってくる。子どもたちが思いっきり歌ったり演奏したりする活動を通して、自分の思いを自由に表現する楽しさを味わうことができる全校音楽活動は、本庄小学校には無くてはならない活動になった。

5．全教職員の教育実践論文の執筆

　学級文化活動やクラブ活動で学習したことをまとめ、研究成果を発表したのは、子どもたちだけではない。森さんは年度末が近づくと、全教職員に、教育実践論文を書くように奨励した。森さん自身は、過去に読売教育賞や日本標準教育賞など全国的にも良く知られる賞の最優秀賞を受賞した経験があり、自ら実践論文の書き方の指導を行い、書き方だけでなく記述内容についても助言をした。森さんの指導・助言を受けてすべての教職員が、何らかの形で自らの実践を振り返りながら論文を執筆し、応募したということは大変な出来事であったと思う。

　教職員の中には、論文を書くことに苦手意識があったり、諸事情があって多忙のため時間がなかったりする者もいたようだ。また中には、50

万円の副賞を獲得した強者もいたと聞いている。それはいったい何に使ったのか少々気になるところだ。

　ひょっとしたら当時は、森さんに反発心を持った教員もいたかも知れない。しかし森さんは論文執筆を決して無理強いしたわけではない。それに私心がないので、みんなが良い論文が書けるよう助言もしやすい。執筆した教職員にとっては、その時は大変だったけど、結果として自分自身の実践をふり返り、自分の実践をステップアップさせるチャンスとなった。ここまで徹底的にやるのは、森さんの信念であり、本当に敬意を表したいと思う。

　森さんの論文執筆の奨励は小学校だけでは止まらず、自身が園長を兼任していた本庄幼稚園の職員にも及んでいる。本庄幼稚園には、兼任園長の森さんの外、教頭の山尾さんの外に二人の専任教員がいて、小学校の教育活動と連携した活動を行っていた。幼稚園の子どもたちも中海の生き物が大好きだった。時には、小学校の子どもたちと一緒に活動することもあり、幼稚園の子どもたちや教員にとっては、小学校は身近な存在だった。それぞれ小一と年長、小二と年少などの組み合わせで合同学習を行うこともあり、仲良しだった。

　当然のことながら、教職員同士のコミュニケーションも良く図られており、論文執筆の話しにも意欲的だった。結果として、幼稚園の教職員を含む全員の執筆となった。

6．日本国際理解教育学会の実践研修会開催

　森さんの本庄小学校赴任から二年目の 1998 年、ちょうど私がペルーのリマから帰国したその年の 11 月には、本庄小学校を会場として、日本国際理解教育学会の中国ブロック研修会が、島根県国際理解教育研究会の研究大会と併せて開催された。内容は本庄小学校の「学級文化活動」、

「クラブ活動」、それに「全校音楽活動」が公開され、「地球市民意識を育てる」をテーマとして、シンポジュウムを行った。おりしも、新学習指導要領で実施することが決まっていた「総合的な学習」への、興味・関心も手伝い、公開授業を行った各クラスでは、参観者があふれ出し、全体会場となった体育館は、県外からの来訪者を含めて約500名の教師たちであふれ返っていた。

　全体会では、ユネスコが推進する国際理解教育を紹介しながら、その現状やこれからの方向を語った追手門学院大の米田伸次さんの基調講演に続いて、シンポジュウムに登場したメンバーは、多田さんをはじめ日本の教育を牽引しているメンバーばかり5人だ。それぞれが心に残る提言を行っているが、私にはその中でも、東京大学の佐藤学さんが提言されたある言葉が特に心に残った。それは、今までの日本の教育では3Rsが大切にされたが、これからは、それだけでなく3Csが大切にされなければならないというものだ。3Rsとは、「読み・書き・計算」の英単語の頭文字で、3Csとは、それぞれ「かかわり、関心、心を砕くこと」を意味する英単語の頭文字だ。私はこの言葉の中でも、特に「心を砕く」careのことが気にかかった。この言葉はその後の研修会などで時折使

【こぼれ話】⑭

　研修会が終了し、東京へ帰るシンポジストを空港まで送っていく時のことだ。車内で話題になったのは、研究発表の内容はもちろんだが、車中から見える中海のことだ。中海干拓の意義や、政治家の介入で中止になったいきさつなど話題には事欠かない。わずか30分足らずの間に、時々多田さんの頷きや合いの手、質問があるものの、しゃべりっぱなしだったのは、森さんだ。後で佐藤さんが多田さんに、「私は、車中で一言もしゃべらなかった。」と言っておられたそうだ。話は空港内のレストランでも続き、さすがの佐藤さんもお手上げだったようだ。

わせてもらうこともあったが、3Cs の中身は深く、実践の視点から議論をする余地は十分にありそうだ。それは、まさに森さんが推進してきた活動のねらいとダブって聴こえた。

　5人のシンポジストは他に、司会者を兼ねてICU高校の渡部さん、国際交流基金の安藤さんがいたが、中に一人だけ地元の島根からの代表がいた。森さんの前任校である八雲小学校から、校長として赴任した高田小学校で、少人数の特徴を生かし、一人一人の能力を最大限に引き出し、伸ばす教育を展開していた錦織さんだ。豊かな自然環境の中での、自然体験や社会体験を、ふんだんに取り入れた教育活動には、他のシンポジストはもちろんフロアからも絶賛の声があがった。これは、森さんにとってもうれしいことだった。

7．7年間の継続した学校経営

　「学級文化活動・総合的な学習」、「クラブ活動」、「全校音楽活動」の三つを中核とした本庄小学校の、「ふるさと大好き、世界にはばたけ本庄っ子」の育成は、森さんの在任4年間で磨きがかけられた。この完成度の高い本庄小学校の教育は、森さんが転出後いったい誰が引き継ぐのであろうか？そう言った類の人事異動の話が飛び交いだした2001年の3月に、教育委員会から人事異動の内示が出た。森さんは、自身の盟友でその生き方に、大きな影響を及ぼした奥原さんが在任していた法吉小学校へ転任、そして本庄小学校への転任辞令を受け取ったのは、他の誰でもない。この私自身であった。何とも不思議な巡り合わせだ。

　学校教育には、地域の実態に応じた特色ある教育活動が求められている。その意味で森さんの本庄小学校での4年間は、まさに特色ある教育を実践していたと言える。公立学校であるがゆえに、カリキュラムの差異化などの極端なことはできない。そこを創意工夫で生み出した特色あ

る教育活動は、子どもたちと教師が、保護者や地域住民と関わりながら交流し、対話を通して協働で学びを創っていく過程であったと考えることが出来る。

　校長が変われば学校が変わると言われるが、校長が替わっても学校が変わることはよくあることだし、より良く変える必要はある。まして、子どもたちと教師、保護者、地域住民が関わり合って、対話を通して創りあげた教育活動は、その教育を創り続けることが継続出来れば、簡単には崩れないし、より高いところを目指して活動ができる。森さんが創りあげた学校は、まさにそのような学校だったのだ。

　「これは責任が重いぞ」とその重さを背中にずっしりと感じながら、一方で私の目は、森さんが中心となって創りあげた学校をどう継承し、さらなる発展を図るかの方へ向いていた。自分が創りあげたいと考えている方向と同じ方向を向いて、しかも７～８割方出来上がったもの（完成度が７～８割と言う意味ではない）を「はい、どうぞ。後はよろしく。」と言って渡されたようなものだ。

　私が考えたことは、新しいものを創ることよりも、内容の質を高めることを重視することだった。森さんの４年間を受け継ぎ、これを最大限に生かしながら、さらなる地域住民や児童との対話で森４年＋山﨑数年の、計何年間の継続した目標をもった学校にしようということだった。結果として＋３年の７年間の継続となったが、振り返ってみると。成否のキーワードは「対話」であったと、今でも考えている。教職員同士はもちろん、教職員と子どもたち、地域の方々、保護者などが、相互にどれだけ共創型の対話が出来たか検証してみると、如何に森さんの力がすごかったか良く分かった。

第9章　二つの学校の共同授業の試み

― 学校間をつなぐ共同授業 ―

　森さんの本庄小学校在任の後半は、「学級文化活動」の大輪を咲かせながら、野波小学校との学校間をつなぐ共同授業に取り組んだ。本物体験を基盤に、子どもたちが主体となって行う対話型学習を、一日の長がある本庄小学校が野波小学校を引っ張る形で進み、両校の教師や子どもたちは得難い体験をした。その悪戦苦闘の様子を紹介したい。

1．共同授業の良さを生かす試み

　小学校においては、基本的に全教科の授業を学級担任が担当している。学級担任制の良さは、何と言っても教師が、一人一人の子どもたちをよく理解できることである。その学級担任制の良さを認めつつ、文部科学省では、高学年の授業を教科担任制にすることを検討していると報道されている。教科担任制への移行によって、教師の専門性を生かすことが出来ると言われるが、それと共にひとり一人の児童に、複数の教師が関わることが出来ることの良さも、もっと大切にして欲しいと思う。併せてこの問題を教師側の視点だけでなく、子どもの側の視点からも見て欲しい。ただしそのためには学級担任を中心として、各教科担任の綿密な連携が必要になる。さらに打ち合わせのための時間の確保や、子どもたちへの対応などについて様々な視点からの議論を望みたい。

　現行の学級担任制の下では、多くの教師は実際に限られた条件の下で、学習指導要領に定められた学習内容を、子どもたちの実態に応じて様々な工夫をこらして授業を行なっている。苦手とする教科や、指導方法に自信が無かったり、これで良いのかと戸惑ったりする教科内容がある時

は、教科書会社が発行する教師用指導書に頼ることもあるだろう。教師の立場に立って分かりやすく解説してある指導書の中身は、とてもよく出来ていて本当に助かる。普通に、現場教師が一人で出来る授業改善などの努力は、ここまでで目いっぱいだ。それに加え、教室には様々な問題を抱えた子どもたちがいて、それへの対応や保護者への連絡、話し合いなど本当に大変である。これにプログラミング教育や教科としての英語、道徳とさらなる上乗せだ。これでは政府の目玉政策である「働き方改革」の行方も怪しくなってくるのではないかと危惧されると言うものだ。

　教科担任制で、これらの課題のいくつかがクリアされるなら、それはそれで的確な方策だと思うが、こんなに多忙な現場で充実した教育を行うために、今最も必要とされることは、「教職員の増員」だ。それによって教師同士が子どもたちや授業について、話し合う時間を生み出すことが出来る。学級担任制の良さを消さないで、教科担任制を充実させるにはこれが一番だ。私も元教師なので、現場教師の気持ちは痛いほど理解できるつもりだ。だが、現場がここまで忙しいのは、何も今に限ったことではない。多忙を極める中でも、「子どもたちが目を輝かせ、本気になって授業に取り組むにはどうしたら良いか」と考え、日々実践している教師は、今でもたくさんいるし、かつてもたくさんいた。

　多くの小学校では学級担任制で授業が行われているため、個々の学級の授業は、学習指導要領に則り、校長が示した学校経営方針に則して行われる。しかし、どのように授業を展開するかは学級担任の裁量に委ねられる。教師の腕の見せ所でもあるが、ここが盲点となり、学級担任制の下で、小学校の学級はしばしば「学級王国」などと揶揄されることがある。授業に限らず学級内のことは、ほとんどたった一人の大人である学級担任に、頼ることになるからだ。このような学級王国ではなく、学

級が子どもたちの意志や人権が尊重される真の学びの場となるために
は、他の学級や教師との連携や協力が求められる。さらに言えば、それ
について助言し指導するのが校長の役割であろう。

　そこで二人の教師が協力して学習計画を作成し、二つの学級が相互に
影響を与え合いながら、学習を進める共同授業は、学級担任制の良さを
生かしながら、弱点を補う良いアイディアでもある。二人の教師がそれ
ぞれの視点で授業を考え、見るので、教科担任制の持つ専門性とは、異
なった視点で授業を見直すことが出来る。事前に教師同士で授業の狙い
や方法、役割分担などについて打ち合わせをしておく必要があり、事後
の反省もしかりである。実際、そのための時間を確保することは、それ
が同一の学校内のことであっても容易なことではない。

　二人の教師が一緒に教材研究をして授業計画を立て、共同授業を行う
こと自体かなりのエネルギーを必要とすることだ。それを森さんは、他
校との共同授業と言う形で、自らが先頭に立って一緒に教材研究をし、
実現させた。「忙しい、忙しい」と言って、忙しいことをできない理由に
している限り、新しいものを生み出すような取り組みはできない。森さ
んは、笑いながらそう言う。「忙しくても、やって良かった」と教師が感
じるような取り組みをしてもらいたい。教師自身がそれを面白いと感じ、
夢中になって子どもと共に取り組むような授業をすれば、忙しさも吹っ
飛ぶ。森さんの口からは厳しい言葉と共に、気配りの利いた優しい声掛
けが飛び出す。

２．枕木山を挟んだ二つの学校の共同授業

　本章では前章で紹介した国際理解教育研究大会の、翌年と翌々年に取
り組んだ本庄小学校での、もう一つの取り組みを紹介したい。森さんの
本庄小学校在任が２年目となる年に、ペルーから帰国した私は、本庄小

学校から標高約500Mの枕木山を挟んで、日本海に面した島根町の野波小学校に赴任した。野波小学校の校舎は、本庄小学校ほどではないが、海岸まで県道をまたいで、100Mも無い程度の距離だった。本庄小学校と野波小学校は、直線距離で言えばさほど遠くないのだが、中海と日本海の間には、枕木山など島根半島の山々が立ちはだかり、東西の谷沿いの道を通らなければ行くことができない。どこかの国と国の関係ではないが、その距離と道のりが、「近くて、遠い」関係だった。

　私が野波小学校へ赴任したことも手伝って、森さんが本庄の古老に「野波は遠い」と言う話をしたところ、意外な答えが返ってきた。それは、「本庄と野波は、昔は密接なつながりがあった」と言うものだ。本庄は地理的に島根半島東部の要衝にあり、半島部の各地と松江市中心部を結ぶ本庄港は、物資の集積地だったと言うのだ。後で子どもたちが学習の中で聞き取り調査をしたことからもわかるのだが、野波はもちろん半島部の人たちは、水産物の加工品などの物資を本庄まで歩いて運び、何がしかの収入を得て、その対価で、生活に必要な日用品類を買って各地へ帰っていた。特に年末を迎えると、正月を迎えるのに必要な物資の調達のため必ず本庄を訪れていたと言うのだ。

　話の一部を聞いた森さんには、あるアイディアが浮かんできた。それは、この話が3年生の社会科の学習に使えないだろうかというものだ。3年生の社会科では、初めて学ぶ歴史の学習として、50〜100年くらい前の地域の行事や、人々の暮らしについて学ぶ単元がある。これにぴったりなのだ。ここまで考えただけでも、これらを教材として本庄の人々の暮らしについての学習が可能だ。しかし、これだけで終わらないのが森さんだ。この学習を物資の集積地の学校である本庄小と、生産地である半島部の村にある学校とで共同授業として行ったらどうだろうという提案だ。

この計画を思い立った時、相棒の学校として森さんの頭に浮かんできたのが、野波小学校だ。この相棒、本庄小学校にとっては、半島部にあるいくつかの小学校のどれかで良い。一方、野波小学校にとっての相棒は、本庄小でなければ意味が薄れる。それに両校とも一学年一学級の小規模校だ。まさに渡りに船である。この話は、まずは二人の校長の間で即決した。その後、当時の３年生担任であった仙田さん（本庄小）と、伊藤さん（野波小）に話を持ち掛けた。決して強要はしなかったので、どちらかが拒否すれば破談だと思っていたが、二人ともすぐに興味を示した。ここで両校の共同学習の話はまとまった。

　この話、実際に取り組んでみると大変なことが多い。近くて遠いのは地理上のことだけでなく、地域の実態や双方の教師の考え方もそうだった。授業のグランドデザインさえできていないところからのスタートだ。やり始めて、これは大変だということが良く分かった。そこで最初は、教材づくりの名手である森さんの案をもとに、実践を重ねながら加除をしていこうということでスタートした。自家用車で行き来すれば30分近くかかる道のりを、仙田さんと伊藤さんは何回か往復している。森さんはそこらあたりについて、「この取り組みは子どもたちを育てるのに、どんな意味があるか。今地域で問題になっていることと、どんなつながりがあるのか。きちんと踏まえてやっていれば、教員がそんなに休日や、時間外に出なくても良い。」と、時間外勤務への懸念についても触れている。もちろん時間外勤務が無かったわけではないし、途中で投げ出したくなったこともあったと思う。学校が違うということは、教材の価値づけや指導の重点なども、似ているようで微妙に違う。新しいものを生み出そうとすればそこに軋轢が生じるのも常だ。そういう意味で二人の担任教師は本当によくがんばった。森さんは口では、結構厳しく言っていたが、内心では高く評価をしていた部分もあったと思う。

教師と子どもたちが調査を進めていくうちに、様々なことがわかってきた。本庄には当時県立の農林学校があり、野波から枕木山の山頂近くの分道寺峠を経由する登山道で本庄まで、片道 10 キロの道を毎日通学した経験をもつ古老がいることを聞き、子どもたちは驚愕した。現在では考えられないことだからだ。当時、八束郡の中心地であった本庄では、毎年、半島東部の近隣の村々の子どもたちが集まって、大運動会（陸上競技大会）が開催されていたとの事実もわかった。交流を深めていく中で、両校の子どもたちはそれぞれの昔の登山道を通って枕木山の山頂で出会うという計画を立て、実行に移した。運動会で食べた弁当の再現も試みた。このあたりまで来ると、この計画の言い出しっぺである森さんは、後ろの方へ下がり、二人の担任教師と子どもたちの手で、どんどん進められていった。

　未踏の地に入って行こうとすれば、そこには生みの苦しみが生じることは、前にも述べた。ひょっとしたら学校文化や考えが異なる二つの学校が、共同で授業をやろうという試み自体が無謀なのかも知れない。しかし、二つの学校の子どもたちが、一緒に活動するたびに仲良くなり、「来年、4 年生になっても一緒に活動したいね。」と言えるまで成長し、ねらいの一つである対話力が育ったことが、何よりの喜びでもあった。無謀とも思える授業は、苦労はあったが成果もあったと言える。

　「共同授業」、一言で言ってしまえば、「指導計画を共有し、連携を深めながら別々に、そして成果を持ち寄って合同で授業をすること」だ。だが、実際に取り組んでみて、その困難さを改めて知らされた。議論を交わす中で、教職員だけではなく二人の校長の意見の違いや、思いのすれ違いも、白日の下にさらされた。森さんにしても私にしても、普段なら少々の意見の違いは不問に付してしまうところを、徹底的に言い合った。特に双方の教職員の思いを背負っている部分については、中々妥協

しきれないところがある。この授業は、その年島根町内で開催された、八束郡教育研究会社会科部会の提案授業として公開された。

　共同授業の難しさを体験した森さんは、これからの子どもたちには、まず夢を持って欲しいと願っている。とにかく大胆に実行できること、それに柔軟性をもって、自分の意見を主張するだけでなく、妥協する時には妥協する。良い物には素直に感動し、もっと良いものを求めていく。子どもたちの中にも、全体を瞬間的に把握する様な、将来を見通す力を育てる必要がある。そんな思いを持って授業を見直した時、共同授業は、両校の児童にとっても、教師にとっても、研究課題をたくさん残してはいるが、魅力的な授業に見えたことだろう。

３．二つの学校の二年目の共同授業

　両方の学校には、「共同授業が、無事に終わってほっとした。」と、胸をなでおろした教師が少なからずいたかも知れない。しかし森さんにとっては、「分道寺峠越え」の共同授業は、終わりではなく、新たな実践のスタートであった。その目は、すでに次年度の方を見ていた。森さんの本庄小学校４年目となるその年は、前章で述べた学級文化活動、わくわくクラブ活動と全校音楽を核とした教育活動に、さらなる磨きをかける年だった。したがって総合的な学習へ発展した学級文化活動、全校音楽活動を、野波小との共同授業として、中国四国地区国際理解教育研究大会で、共同で公開することは大きなモチベーションとなっていた。

　一方の野波小学校は、その年の７月に開催予定の同研究大会の会場校として、三つの授業や音楽活動を公開する予定であった。同校には他にも文部省から委託を受けた「歯と口の健康づくり」の研究指定、車いすバスケットボールチーム「島根イーグルス」の選手たちとの交流、韓国から島根大学への留学生朴さんによる韓国伝統音楽の継続的指導と研

究、和田さんが校長を務める高尾小学校との「海と山の学校の交流」、「野波湾での全校筏大会」と、やるべきことが多かった。さらに時間外には、町技としての伝統を持つバスケットボールや、バレーボールのスポーツ少年団の指導があり、教師たちの負担は大きかった。

　2年目の本庄小学校と野波小学校との交流は、森校長指導の下で研究を継続しており、やる気満々の本庄小学校教職員と、ゆとりはないが、目の前に研究大会がぶら下がっていて、やるしかないと気持ちを奮い立たせた野波小学校教職員との、若干の意識のずれという問題点をはらみながら、継続して共同授業に取り組むことになった。研究の中身は同じ方向を向いているが、一日の長があり、心理的にも余裕がある本庄小学校の方が共同授業をリードした。

　野波小学校では、同研究大会において2年、4年、6年と三つの学級の授業を公開する予定だったが、その内、4年生の授業を共同授業とすることで合意した。4年生は前年度、「分道寺峠を超えて」の授業で、すでに実績があるし、「子どもたちも何度か会っていて、顔見知りの間でもある。学級担任は野波小学校の方が、伊藤さんの持ち上がりであるのに対し、本庄小学校の方は荒川仁美さんに変わっている。彼女は森さんの授業理論や実践の良き理解者であり、さらに森理論を超える独自の理論をも持ち、実践を重ねている気鋭の教師で、森さんの希望で本庄小学校へと転勤した教師だ。

　前年の「仙田─伊藤コンビ」は、先輩格である仙田さんの優しさも手伝って、少々の意見の違いがあってもあまり無理をせず、適当なところで妥協しながら進めるので、時折森さんから厳しい指導が入っていた。言ってみれば「仲良しコンビ」だったのに対して、こちらは少し様子がちがう。荒川さんは、普段はお穏やかで優しいのだが、ことが授業論になると様子が変わってくる。安易な妥協は許さず、それはたとえ相手が

森さんであってもそうだ。果たして「荒川—伊藤コンビ」の共同授業は、どのような展開になるのか不安を抱えての船出となった。荒川さんの教師としての実力は、多田さんも認めるところであり、私としては、若い伊藤さんには、この際荒川さんからしっかり学び、教師としての力を高めて欲しいという願いもあった。

　4年生の子どもたちが3年生の時に行った学習は、同じ事象についてそれぞれの地域の立場から調査をし、共通の課題について考えることが出来た。それぞれが単独で学習しても面白い展開が出来ていただろと予想される。おじいちゃんたちが若いころのことを調べていたら、山を越えた向こうの学校でも同じことを調べていることがわかった。「じゃあ、一緒に調べようか」。と、ごく自然に共同授業のストーリーを成立させることが出来る良さがあった。

　しかし、4年生になってからの共同授業は必ずしもそうはいかなかった。教材として何を取り上げるか相談した際、本庄小学校が北山山系から流れる本庄の川の水が汚染されてきていることに着目し、この問題をテーマにしたらどうかと提案したのに対して、野波小学校側は、野波の海岸に打ち上げられたごみの問題をテーマにしたいと提案した。本庄側は双方の川の源流は同じ北山山系にあり、共通した学習課題で出来るのではないかと、さらに突っ込んだ意見を述べた。他方の野波側も、野波が日本海に面しているように本庄も中海に面しているから、同じようなごみ問題があるのではないかと言う意見だ。3年生の時行った「分道寺峠を超えて」の共同授業が、二つの地域のつながりから、ごく自然な形で行われたのに対し、こちらは、「共同授業が先にありき」で、後から教材として何を取り上げるか考えたところに、少し難しさがあったかも知れない。しかし、後者には前者にはないメリットもあった。それは、子どもたち同士がすでに何回か会い、顔見知りであることだ。しかも相互

に「来年も一緒に授業をやりたいと思っている子もたくさんいた。

　何度かの話し合いの末にまとまった学習の総合テーマが、「本庄の山や川を、野波の海を、私たちの手でまもっていこう。」であり、さらに本庄小は「本庄の水は宝物」、野波小は「僕たちにできるごみ対策」である。双方が出した課題をそのまま生かしたものだ。「環境問題は地域の問題であると同時に、地球規模で考えなければならない問題だ。地球全体を大きなシステムととらえ、その中で相互にどのような関連があるのか考えていかなければならない。それは、4年生の子どもたちには難しすぎる。そこで最も身近で起きている問題に目を向けさせることが大切で、扱う問題が違っても、環境汚染の問題を双方の立場で調べ、意見交換する学習で良いのではないか。そうすることが地球規模で考えることができる地球市民意識の育成につながると思う」と、この議論を締めくくったのは、他ならぬ森さんであった。

　授業者と研究主任、校長まで加えた指導案審議の中で、両者の意見はたびたびぶつかった。いつも似たようなパターンなのだが、本庄の荒川さんが、より高いレベルでの学びを求めるのに対して、野波の伊藤さんは、野波の子どもたちの成長過程を考えればそこまでは難しいという主張だ。荒川さんは、双方が調べたことを報告し合い、それについて異なった視点から意見を述べ、それを広げ、深め合うことに、わざわざ共同学習を行う意義があるはずではなかったかと主張する。全くの正論であり、私としてもこれに対して反論することはできない。しかし、伊藤さんの主張も理解できる。どちらかと言うと閉鎖的な島根県の中で、かつては三方を山に囲まれた「陸の孤島」とまで言われた野波の子どもたちが、他校の子どもたちの前で、自分たちの調べたことを堂々と発表できるようになってきた。共同授業により、これをより確かなものにしたいというものだ。どちらが正しいかではなく、伊藤さんの気持ちも大切に

したいと考えた。

　裏話の方を先にしてしまったが、この例一つを取ってみてもわかるように、様々な主張の食い違いがある中で、ある意味で玉虫色の妥協により決着した部分もある。双方が相手の立場を理解し、それぞれの狙いに向けて学習することになった。それでも森・山﨑の間では、何とかこの企画を成功させたいという気持ちが優先し、授業そのものは、本庄小学校がリードしながら友好的に進められた。

　異なる学校が、水とごみという違ったテーマを追求し、それらを互いに報告しあうという学習の過程で、それぞれの発表や報告が子どもたちの水やごみについての関心を高め、野波はごみから水へ、本庄は水からごみへの学習の動機づけにつながった。報告された内容について意見を交換するということについて言えば、多くの課題を残したが、授業の中である子どもが、「ごみと水のことって結局同じだ。ごみを捨てれば水も汚れるし、川や海にごみが多いということは水も汚いと思う。結局はこの問題はつながっていると思う。」と発言しているが、共同授業はここらあたりで終わっている。この問題を広げ、深め、具体的解決策まで持っていく過程は、両校の単独の授業に委ねられることになった。

　本庄小学校は、最終的に学校の目の前の中海から、大橋川、宍道湖、斐伊川へと川や湖をさかのぼる学習をした。水は山頂の源流から日本海まで、さらには世界中の海までつながっており、ある場所の汚染は地球全体の汚染と関わっている。そんな中、本庄の水は飲料水としても飲めるくらいきれいな宝物であることがわかり、これを保全するための具体策について考え、行動を起こすところまで学習を進めた。森さんにとっても、本庄、野波の双方に肩入れし、支援した授業が大きな成果を生んだことは喜ばしいことだった。

　蛇足だが、他方の野波小学校も、「海岸のごみは韓国からのものが多

い」という地元住民の意見を鵜呑みにしないで、その後行った海岸への漂着ごみの調査から、「漂着ごみは実は、日本のものが多い。」という結果を出し、大人たちを驚かせている。共同授業で本庄小の子どもたちから学んだ「多角的なもの見方」の大切さが生きたケースでもあった。

4．共同授業の課題と発展

　共同授業は、森さんにとっても、私にとっても困難なことが多い大変な取り組みであった。私にとっては、コンビの相手が森さんでなかったら、ここまで取り組めなかったと思う。おそらくこれから先、同じような取り組みを行なおうとしても、これ以上に大きな困難にぶつかると予想されるが、取り組みを通して、いくつかの課題が浮彫になった。

　一つ目が、共同授業を行う授業者の教材観なり授業の組み立て方などが異なる事を前提に、徹底した議論が必要だということだ。特に内容が具体的になればなるほどそれが必要だ。やりながら修正することも一つのアイディアだが、森さんのように柔軟な考え方、対応ができることも必要だ。森さんの教職のキャリアをふり返れば、この共同授業は最後のチャンスだったかもしれない。とにかく他者の想像をはるかに超える大きなプロジェクトを平気で企画し、実行する人だからこそできたのであろう。信条の「大胆に、そして柔軟に」そのものだ。

　二つ目が、「多角的なものの見方、考え方」を大切にすることだ。これは共同授業でなくても必要だが、森さんにとっては、これは普段から普通にやっていることだ。この普通にやっている事の積み重ねが重要である。一人の教師が多角的なものの見方ができることも大切だが、複数の教師のそれぞれ異なったものの見方、考え方を寄せ合い、整理すれば、より面白い発想ができる。多くの人ができれば避けて通りたいと思うことを、森さんがあえて挑戦する理由は、こんなところにもあるのかも知

れない。

　三つ目が今回の授業で問題となった、子どもたちの実態と、めざす子ども像の違いだ。これは違いを違いとして認め合い、相互に尊重しあうことが必要であろう。大きな課題であるが、今後取り組んでみる価値は十分にあると思う。

　さらに共同授業という視点で見れば、小学校同士の授業だけではなく、本庄小学校と本庄幼稚園、本庄保育所との合同活動は面白い。特に水辺の活動と、音楽活動は、桑原さんや内田さんなど、キーマンとなる人がいて手際が良い。小学校の学習指導要領に比べれば、内容や方法などの縛りが緩やかな幼稚園教育要綱や、保育所保育指針の方が、多角的な見方を受け入れ、柔軟な活動がやりやすい。

　しかし、大切なことは、教師サイドの意識だ。幼―小、保―小だけでなく、保―幼、保―幼―小の合同活動が活発に行われたのは、森さんの意図するところであったことは言うまでもない。学校間の共同授業は、小学校と幼稚園・保育所との合同活動へとつながり、さらに中学校との連携も視野に入れていた。

【こぼれ話】⑮

　今では幼保一体型施設もあるし、幼保連携は普通に行われているが、幼保の連係が十分とは言えなかった当時、本庄では幼稚園と保育所が連携を模索していた。その中心にいたのが森さんであり、幼稚園と保育所の職員だった。日中の湖岸の活動や音楽活動などについて、保育終了後の夕刻7時からの合同研修会は、幼稚園の職員には未体験だったし、保育所職員にとっては、刺激があった。幼保合同活動は、双方の相互理解を円滑に進めた。

第10章　卒業式は最後の授業

― 学校行事を教科学習とつなげる ―

　卒業式というと、どんな光景が目に浮かんで来るだろうか。「厳粛な雰囲気の中で卒業生が壇上に上がり、うやうやしく両手を高く掲げて証書を受け取る。校長や来賓の話の後の送辞、答辞のころになると、会場のあちこちから鼻をすする姿が見られだし、最後の「仰げば尊し」で感動は頂点に達する。」と言ったところだろうか。ここでは、少し異なった視点からの卒業式への取り組みを見てみたい。

1. 伝統的な卒業式のイメージ

　毎年３月になると、日本全国の学校で卒業式を迎える。メディアを通して各地の学校での感動的シーンが報道され、多くの日本人が若かりし頃を思い出し、感傷に浸るのもこの季節だ。

　私はペルー滞在中に当地のアメリカンスクール(中学校)の卒業式に参列する機会があった。入場の時は女の子が父親と、男の子が母親と腕を組んでの入場だったが、退場の時はそれぞれのボーイフレンド・ガールフレンドとの腕組みに代わり、笑顔いっぱいで陽気そのもの、まるで結婚式のようだった。アメリカでは卒業は、新しい門出とか旅立ちを意味し、感傷的な別れではないというのもうなずける。

　日本もアメリカのようにしたらなどと言うつもりはさらさらないが、国が違うと卒業式も違う。やはり日本人には、厳粛な雰囲気の中でうやうやしく証書を受け取り、父母や教師に感謝の言葉を述べ、同級生や後輩に惜別の言葉を送ると共に、涙を浮かべて学校を去っていくのが似合っているのだろうか。

私には、卒業式の時期を迎えると思い出すある出来事がある。「卒業式は、学校行事の中で最も大切な行事である。」とよく言われる。これに異論があるなどと言う人は、よほどの変り者であろう。ところが、もうあれから 50 年ほど前のことになるが、卒業式を三日後に控えた島根と広島の県境に近いある小学校に、その変わり者の人物がいた。新規採用教員として赴任し、6 年生担任となった青年教師山﨑が、当時の教頭に向かって、「卒業式なんて、そんなに大切じゃない。ただ証書を渡す・もらうだけのことじゃないですか。」と、粋がって抵抗していた。そばにいた相担任のベテラン教師の取り計らいで、その場は何とか収めたが、青年教師はどうも釈然としない。実はこの一件には伏線があった。

　この日は、二週間くらい前から始めた卒業証書の受け取り方の練習の仕上げに近い時期であった。教頭は若い教師がうまく指導できないといけないと考え、その日は最初から指導に付き添っていた。お辞儀をした時の腰の角度がどうとか、腕を高く差し上げてとか、どこの学校でもありそうな光景だ。ただこの教頭は、とにかく異常なくらい事細やかで、何度やり直しても OK が出ない。その挙句が冒頭のようなやり取りとなったわけだ。最初は卒業証書の授与とはそういうものかと思い、従っていた私は、余りにも形式にこだわる教頭のやり方に辟易としていた。それでも教頭曰く、「型を覚え、型どおりの動作で証書をいただくことが大切だ。」と言うのだ。青年教師も卒業式などどうでも良いと考えていたわけではないが、型より心が大切と考え、授与の作法は程々にと主張したが受け入れられなかったのだ。伝統的な卒業式に一石を投じた青年教師は、数年後に別の形で一石を投じることになるのだが、その時はまだそのことを知る由もなかった。

　東京など私立中学校への進学者が多いところは別として、国内のほとんどの小学校の卒業生は、校区内の同じ公立中学校に進学するため、卒

業式で子どもたち同士の別れはない。それでも教師や在校生、それに学校そのものとのお別れと言うイメージが付きまとい、感傷的になりがちだ。涙もろい子どもたちはついつい目に一杯の涙をためてのお別れとなり、どんな形で卒業式が行われても、卒業生がきびきびした動作で卒業証書を受け取る姿は、参列者に感動を与え、心からお祝いしたくなる。ここまでは私も理解できるし、共感もできる。しかし、だからと言って証書の授与は形こそが大切なのだという論理には賛同しかねる。もちろん賛成の方もあると思うし、別の意見の方もあると思う。

　卒業式の在り方も、少しずつ変わって来ている。と言っても卒業式の練習などはあまり行わない中・高校はそれほど変わっていないと感じる。変わったところがあるとすれば、式の中で歌われる歌が「仰げば尊し」から「旅立ちの歌」や「卒業写真」などに変わったくらいだろうか。他にも卒業ソングと言われる名曲が数多く作られ、歌われている。では小学校はどうか。式の中で、送辞・答辞の替わりに呼びかけや、合唱を取り入れたり、隊形をロの字に変えたりしている学校もあるが、変わったように見えて、基本的なところはあまり変わっていないように思う。正確に言うと変えられないのかも知れないが、それを伝統的な日本型でもアメリカ的でもない独自のスタイルに、変えたある試みを紹介する。

２．卒業式の改革

　広島県との県境の小学校で６年担任となり、「形」を大切にした伝統的な卒業式に対して釈然としないものを感じていた青年教師も、教職９年目となり、津田小学校での初めての卒業担任として、卒業式を迎えようとしていた。二学期末の学年会では、卒業式について話し合おうということになった。そこで私は、数日前から県立図書館に通い、卒業式に関する図書を片っ端から読んだ。その中から、私の目に止まったのはあ

る教育雑誌の記事だった。

　テーマは、卒業式を校長から児童への上意下達とも受け取れる「卒業証書授与式」から、名称を「卒業式」と変え、子どもたちと父母、教職員で卒業を祝う式にしようという内容だ。その要点は①授与よりお祝いの意味合いを強くし、子どもたちの意見を取り入れた式とすること、②卒業生と在校生が対面で向かい合い、教師と父母が横から支えるロの字対面式の隊形とすること、③証書の授与は壇上ではなくフロアで行うことの三点だ。私が釈然としないと感じていたことを、解決してくれそうな内容である。さっそくコピーをと言いたいがそのような便利なものはまだない時代である。ロの字の隊形を書き写したものと、要点だけを書いた青焼きのコピーを資料として、学年部会に提出すると、他の三人の担任、門脇さん、高木さん、三上さんとも面白いアイデイアであり、何の問題もなく受け入れる意向だった。

　門脇さんの言葉を借りると「卒業式もマンネリ化してきているので、ここらでカンフル剤としても意味がある。ぜひ、これでやってみよう」というのだ。最終的には②と③はほぼそのまま、①については、名称は卒業式で良いが、「証書の授与」だけは、変えられないということで決着し、そのまま６年部会の案として職員会議に諮られることになった。主任の門脇さんから事前にこの案を見せられた常松校長は、最初は驚き、後に一部修正を加えて了解した。修正点は、原案からは日の丸の掲揚と君が代斉唱が抜けていたが、常松さんもこれだけは譲れないと言うことで、付け加えることになった。

　かくして、当時としては参加者があっと驚く卒業式は、粛々と挙行された。常松校長の理解があってのことであった。当日は松江市の教育委員会より教育長の内田さんが参列したが、教頭に案内されて式場に足を踏み入れた途端、思わず一歩後に下がってから改めて体勢を整え、自席

に向かわれたことが思い出される。多くの小学校で、ステージの下から少し前を空け、その後ろに卒業生が、間を空けて在校生が、さらに間を空けて保護者が縦に並ぶ、伝統的な隊形で行う卒業式が主流の中、津田小学校の卒業式会場の隊形は、教育長にとってインパクトがあったであろうことは、想像をするに難くない。

3．卒業式は最後の授業

　卒業式実施に当たっては、卒業担任の意向が尊重される傾向があるが、最終的な決定の権限は校長であり、校長の理解や周りの協力が無ければできるものでは無い。前年度の卒業式の大改革を、5年生の学年主任として支えた森さんは、その卒業式を踏まえ、翌年度にはさらなる大改革に踏み切った。その準備は前年度の卒業式を終え、新年度に入ったばかりの4月から既に始まっていた。新6年担任も森さんの意向に協力的で、特に山﨑章子さんは森さんの考えを全面的に支持し、様々なアイディアを出してくる心強い同僚であったし、森さんにとっては、何と言っても3月末にブラジルから帰国した奥原さんの存在が大きかった。奥原さんは3年担任ではあったが、森さんの考える新構想の卒業式にもアイディアを出してくれたし、相談にも乗ってくれた。

　さて、森さんの考える新構想の卒業式とは、どのようなものであったであろうか。一言で言うなら「卒業式を最後の授業」にすると言う構想だ。「生活の中に潤いを持たせる」という学校行事の狙いを生かしながらも、これを教科等の授業の中に取り入れようといういかにも森さんらしい発想だ。ここでは既に、森さんが後に本庄小学校で行った学級文化活動を中核とする「統合学習」の考え方が顔を覗かせているように見える。もっとも私自身もこの時にはまだ、そのことに気づいていなかったが、よくよく考えると、別に飛躍しているわけでもなく森さんらしい考

えだ。

　最後の授業というのは、もちろん特定の教科の授業だけを指しているわけではないが、その中核として国語と音楽があった。国語の授業の最終章は、朗読や卒業式の呼びかけにつながり、音楽は一年間の音楽学習を卒業の歌としてつなげようという構想だ。もちろん他の教科も同様だ。その意味で、卒業式の序章は既に4月に始まっていた。卒業式は、一年間の学びの成果を表現する最高の場となるよう意識した授業を行なおうというのだ。そう簡単なことではない。しかし。そう意識することが重要で、この年の卒業式は、「「最後の授業」として行われたのである。

　さて、卒業式のロの字対面式の隊形や、フロアでの証書授与は、ほぼ前年度と同様だが、君が代斉唱は、最後の授業としての卒業式にふさわしくないという理由で除外された。日の丸の掲揚については、前日の夕方に関係者で式場の総点検した時には、ステージ背面の壁にしっかり掲揚してあった。

　ところがそこからが大変な出来事が起こった。その後、その場に残っていた何人かの教師で話し合い、まず日の丸が外され、代わりに「飛び立て223羽の小鳥さん」の横断幕と、223羽の小鳥の折り紙が張られた。ステージの中央から階段を下りてフロアにかけては、入退場の通路になる場所で、ここに赤いカーペットが敷かれた。最後に登場してきたのが、奥原さんだ。巧みにのこぎりを使ってベニヤ板を切り、ステージの空いたスペースを赤や黄色の造花で埋めてしまった。あっという間の出来事だった。正面に日の丸が掲げられただけのシンプルだったステージは、様変わりし、取り外された日の丸は、翌朝には、校庭の国旗掲揚台に高らかに掲げられていた。

　凄まじい出来事が、校長の連達さんの許可を得ることなく現実のものとなった。この卒業式前夜の突然の変更は、すべて森さんを中心とした

一部教師の手で行われたものだが、感心したのは、校長の連達さんだ。式場の総点検までの過程を容認しただけでも、大変なことであったと思うが、翌朝会場に入り、日の丸に代わって小鳥の折り紙が張り付けられているのを見て、「ほおー。なかなか、やるもんだね。」と一言。「すみません。勝手に変えて。」と謝る森さん。すると「ま、良いですよ。」と、即座にすべてを容認した。ある程度予測していたことなのかも知れないが、肝の据わった太っ腹の校長だった。

　連達さんとしては、「卒業式は最後の授業」という森さんたち、卒業担任の構想に共感し、最終的には日の丸や君が代の問題には目をつぶった格好だ。卒業式に、君が代斉唱と日の丸掲揚を義務づけられている現在からすると、考えられないことだが、「卒業式は最後の授業」の精神は、今でも生かすことは可能だ。

　卒業式にいろいろな考えがあって良いし、どれが正解ということはない。松江市内で今年の小学校の卒業式があったある日、我が家の近くの着物レンタル店から、羽織・袴姿の男の子が出てくるの見て、卒業生の服装も質素で厳粛からファッショナブル重視の時代に、変わってきたのかなとの思いを新たにすると共に、森さんたちが行った「卒業式は最後の授業」の意味を、再考して欲しいとの思いを持った。

【こぼれ話】⑯

　「卒業式は最後の授業」と言うのが、森さんの考えだが、アジア諸国を含め、日本ほど卒業式を大事にしている国はなさそうだ。本文で紹介したアメリカンスクールの例はもとより、卒業式のようなものは全くない国もあると聞いた。初めて来日したＡＬＴの多くが、日本の学校の運動会や卒業式に参加し、驚くのに遭遇したことがある。日本の伝統文化として継承すべきか、もっと柔軟に考えるべきか？

　森さんが提唱した「卒業式は最後の授業」についてはどうか？

4．修学旅行の改革

　学校の教育課程を規定する学習指導要領は、約 10 年ごとに改訂されるが、学校というところは伝統や昔からやっている事、使っているもの、言葉などを大切にするところだ。使われている用語には、その概念や内容は変わっているのに、言葉だけは残っているものが結構あり、不思議な感じがする。教育には「流行と不易」があるとは、良く言われることであり、言葉が残っている理由を不易に求める考えもある。

　ここでは、不易でなく流行の方について少し考えてみたい。「流行」と言うと、なんだか流行りすたりのファッションのようなイメージもあるが、そうではなく、時代の変化や人々が置かれた環境、ものの考え方の変化などにより、異なってくるものだという意味だ。

　そのように考えると、修学旅行の在り方は「流行」の方に入る。第二次大戦前の修学旅行のことは良く分からないが、戦後、学習指導要領の中に「遠足・旅行的行事」として位置付けられ、全国の小・中学校や高校で行われるようになったようだ。松江市内のある小学校では、戦後まもなく修学旅行を行っているが、行く先は岡山のある寺院で、その寺院で宿泊をさせていただき、お返しにという意味ではなかったかも知れないが、境内の掃除をした。そのため全児童が竹ほうきを持参しての修学旅行だったという新聞記事が残っていた。

　島根県内の学校では初めてだったというこの修学旅行は、周りに先駆けて行ったということもあり、竹ほうきを持ち寺院の境内を掃除するという、戦前、戦中を少し引きづっているようなところもあった。泊を伴う活動であり、宿泊、食事に関する費用と交通費もかかり、「寺社巡り」等の大義名分が必要だったのかも知れない。その後、せっかく少し遠隔地に行くのだから、遊園地で遊ばせてやったらどうかとか、工場見学などの社会見学を加えたらどうかなどの意見も出てきた。泊数（1〜2）

や、行く先（隣県程度）の制限もあり、全てを網羅した総合型も登場して来だしたが、目的地をどこに設定するかに関しては、新幹線の開通と延伸、高速道路の整備などにより、選択肢が広がってきていた。

　津田小学校でも、森さんが改革案を提案するまでの修学旅行は、ご多分に漏れず行く先は隣県の広島市へ、原爆ドームや平和資料館の見学、語り部さんの講話を拝聴した後、午後は厳島神社へ移動・参拝、宮島に一泊し、翌日の午前中は近くの遊園地で午後は帰途に就くというモデルコースが出来ていた。時期は4月、近隣の他校も似たようなものだった。

5．社会科の授業とつながる修学旅行

　そこへ登場してきたのが森さんの案だ。5年生の社会科「日本の工業」の学習で製鉄所を見学させたいと言うのだ。当時、岡山県水島市には、石油コンビナートや自動車工場などの工場が集積し、新興工業地域として発展していた。その中から森さんが目を付けたのが、川崎製鉄水島工場だ。水島工場の写真は教科書にも載っている。だが写真を見ても全く迫力がない。森さんは水島工場において、「真っ赤に熱せられた鉄鋼が高速でぶつかり合う」その轟音と高熱を、出来れば子どもたちに直接見せ、すさまじい音を自分の耳で聞き、肌で熱風を感じて欲しいと、心から思った。直接それに触るという訳ではないが、本物体験だ。それが、森さんが修学旅行を変えたいと思った大きな理由だ。

　森さんの出した変更案は、まず行く先とコースだ。二日間の日程のうち、一日目に水島の川崎製鉄見学と鷲羽山の遊園地で、その日は岡山泊、二日目は朝のうちに新幹線で広島まで移動し平和公園の見学などで、午後は帰路につく。残念ながら宮島・厳島神社へは行けないことになる計画だ。かなり窮屈な計画だが、最大の目的である製鉄所見学に十分な時間が取れることになり、旅行予定日を9月か10月とすれば、「日本の工

業」の授業スケジュールともマッチアップできる。水島製鉄所の見学を、日本の工業について学習する過程に取り入れ、充実した授業にすることが出来ると考えたのだ。

　問題点もいくつかある。総論としては賛同しながらも、6年担任の高木さんは、「6年生になってから行う歴史学習の視点から見ると、平和学習や宮島見学を、5年生の二学期にやってもその意味が薄れる。これについては、6年の4月に修学旅行を行っても同じことが言えるので、自分としては、修学旅行を6年生の9月に実施する案を提案したい。」と述べていた。それに費用がかさむことも問題だ。移動距離が長くなり、全体としてバス代が高くなる。岡山一広島間は新幹線を利用するため、貸切バスは岡山一広島間の移動を、空バスで走らせることになる。もったいないが、スピードアップのためには仕方がない。

　当該年度だけであるが、同一年度に修学旅行を二度実施することには問題がある。引率教員の出張旅費はどう工面するのか、他の行事との関わりや、時期の変更など、どう調整するかなど、解決すべき問題もある。集団行動という行事の狙い＋社会見学におまけの遊園地から、社会科の授業の過程としての修学旅行への変更は、森さん得意の行事の狙いと教科の狙いの融合でもある。

　日本の工業の学習も、今や製鉄所ではなく、ＩＣＴ関連の企業についての学習の方がふさわしいであろうし、教科書の事例もそうなっているようだ。それに、原爆ドームと厳島神社という二つの世界遺産に、比較的近い隣県に住んでいて、そこを修学旅行の目的地にしないというのももったいない。当時、森さんが提案した修学旅行の行先も時期も、現在では異なって当然であるが、悩ましい選択を迫られる。

６．学校行事の改革

　行事の改革は、森さんにとって必然のことであった。卒業式と共に全校を動かす運動会や音楽会もまた、その対象であった。

　昨年私は、兵庫県内のある小学校の運動会を参観する機会があった。その学校では、玉入れや綱引きなどに加え、騎馬戦や棒倒しなどの伝統的な種目が目白押しで行われていた。もちろん安全上の配慮はしてあり、昔と全く同じではないが、古き伝統を引き継いでいた。運動会の種目は地域や、学校によって変わるものかと改めて思った。

　40 年前の津田小学校では、既存の運動会の時にだけ行う伝統的な種目だけでなく、日常の体育の授業の延長上にある、子どもから見た運動の特性を重視した種目を取り入れようと、子どもたちの希望を聞き、それを取り入れていた。右手を斜め上に上げて敬礼をする入場行進を止め、開会・閉会のセレモニーや全校での種目を児童会の運営に委ねた。それぞれ森さんが表に出ることはなかったが、６年の学年主任としてお得意の弁舌で子どもたちを鼓舞し続けた。

　森さんの学校行事改革の視点の一つとして、学校行事を教科等の授業とどう結びつけ、有効に機能させるかという問題がある。卒業式でも、修学旅行でも、運動会でも、昔からやってきた伝統を引き継ぎ、それを次世代に引き継ぐことが重要だと言う考えもある。どちらが正しいかということはない。要は子供たちの成長のために、どんな内容、方法が良いのか検討すべきだと思う。

第11章　やはり野に置けレンゲ草

― 雑草軍団のインフォーマル組織 ―

　県教委の支援を受けている県教育研究会には、全県の教職員が加入し会費も支払っている。正直なところ研究をさせられている感が無きにしも非ずだ。森さんは、そのような組織ではなく、自分たちの意志で、必要だと思われる研究組織を校内外で創り、熱心に研究をした。研究成果は素晴らしいものだが、改まった公の場には出て来ないことが多い。少し皮肉を込めて、「やはり野に置けレンゲ草」なのだ。

1．やはり野に置けレンゲ草

　レンゲ草は一昔前まで、秋に稲を収穫した後の田んぼで育てられ、春になると田んぼいっぱいに赤紫色の花を咲かせた。今はあまり見かけなくなったが、田園地帯に春の訪れを知らせる風物詩でもあった。きれいな花だが、野にあってこそきれいなのであって、豪邸の庭や切り花で床の間に飾られても似つかわしくない。「やはり野に置けレンゲ草」は、「二十坪からの脱出」同様に、門脇さんが好んで使用し、元からむし会員も良く使った。「そのものにとってふさわしい環境に置くのが一番良い」ことの例えとして使われたが、我々がこの言葉を使ったのは、自分たちの研究や実践が、県教委などの公の機関の支援を受けたり、評価されたりすることがなくても、気に掛けることはない。大切なのは、子どもたちが本当に育ったかどうかである。自分たちで考え実践してきたことを継続・発展させていこうと、自分たちに言い聞かせていた言葉である。大学や行政などの権威に頼ることなく、自分たちは地に足を着けた取組をしますよという意思表示でもあった。

春先の田んぼからその姿を見かけなくなった今では、ピンとこない人もいるだろうが、以下に紹介するのは、野に置いたレンゲ草が活躍しやすいよう、自由な発想で誰にも縛られることなく実践研究できるよう、森さんの発案で立ち上げられた雑草軍団ともいえるインフォーマルな組織だ。

２．「からむし会」

　この名称は既に本書において何度も登場している。設立された目的や活動内容については重複するので、これ以上詳しくは触れない。からむし会の活動は、1981 年度と 82 年度の２年間にわたって行われており、その活動記録は「縄文の丸木舟日本海を渡る」〜縄文時代の再現に挑んだ教師たちの記録〜として、一冊の書籍にまとめ出版されている。ここでは、改めてその「はじめに」に書かれた文を引用することで、からむし会の紹介に替えたい。

　　私たちの会は「からむし会」と呼ばれています。この名前のもととなった　からむし　とは何だと思いますか。恐らくみなさんは、かぶと虫やかみきり虫などの昆虫の名前だと思うにちがいありません。ところがこの　からむし　は、古代の人々が衣服や魚を獲る網、それに弓のつるなどに使っていた草の名前なのです。このように衣食住のすべてを手作りの道具でまかなわなければならなかった時代の人々の生活は、いったいどんな様子だったのでしょうか。

　　私たちは、縄文時代の人々の生活を、当時の人々と同じような方法で再現してみたいと思い、竪穴住居の復元を皮切りに、次々と実行に移していきました。２年間に渡るこの活動を通して、私たちは、自分たちの力で生活を切り開いていった縄文人の素晴らしい知恵と勇気に驚きました。気の遠くなるような根気強さ、経験の中から生み出さ

れた知恵、生きるためのたくましい行動力と勇気、今の時代の人々が失っているものばかりです。

（からむし会編著「縄文の丸木舟日本海を渡る」序文より引用）

　からむし会の２年間の活動のうち、前半の１年目のみ参加している私は、２年目に入ると時々森さんから届く便りを、はるか遠く離れたエジプト・カイロの空の下で、いつもうらやましい気持ちで読んでいた。出来ることなら、いっしょに参加したかったという気持ちは、40年近く経った今でもある。からむし会が行った最大の企画である縄文の丸木舟による隠岐―島根半島の航海について、その現場にいなかった私にはそれについて多くを語ることはできないが、その設計から制作、航海記まで詳細に書かれた記録集が、前掲の「縄文の丸木舟日本海を渡る」だ。興味のある方はぜひ読んでみていただきたい。

３．「若者会」

　からむし会の活動と並行して、森さんは次の手を打っていた。からむし会の活動には興味があるが体験活動に参加する時間的余裕がないと言う人もいる。その人たちの中には、活動そのものも面白いが、仲間と一緒に活動することに関心が向いている人もいた。そこで森さんは、からむし会員だけでなく全教職員に声をかけ、「若者会」なる組織を立ち上げた。当時の津田小学校には、新規採用を含め二十代、三十代の若手教師も何名かいたが、私の記憶に間違いが無ければそれらの全員が参加したと思う。加えて四十代・五十代のベテランの教師も交じり、全体ではかなりの教職員が参加していた。若者という言葉に引っかかる人もいたが、サムエル・ウルマンの、「青春とは人生のある期間ではなく、心の持ち方を言う。年を重ねただけで人は老いない。理想を失うとき初めて老いる。」（「青春とは心の若さである」サムエル・ウルマン著　作山宗久

訳　角川文庫より引用）との言葉通りに、実年齢とは関係なく、若者会の名にふさわしい会であった。

　目的の一つは、お互いに切磋琢磨し、教師としての力量を高めることで、全員が相互に授業を公開し、それについての授業研究を行うというものだ。教科は特に決めなかったが、なぜか国語が選択されることが多かった。歯に衣着せぬ活発な議論が飛び交い、厳しい指摘もあったが、私の様にレベルの低い授業を公開しても、「次回はもう少しましな授業をしよう。」と考えるように、必ず励ましや、やさしさいっぱいの賞賛の言葉が入っていた。授業を公開するのも、授業研究会に参加するのも自由だ。強制的にやらされることは一切ない。そんなこともあって、会の運営はどちらかと言えば和やかな雰囲気で進められ、終わった後はノミニケーションを持つのが常であった。

　会長は奥原さんだったが、運営は森さんが担っていた。当然のことながら管理職の理解も得られていたし、校内研究組織との調整も森さんの仕事だった。公開授業には若者会に参加していないベテラン教師が参観することもあり、情報交換も行われていた。校内での授業研究となると、通常指導助言者は、教育事務所へ依頼し、学校からの「申請訪問」として処理される。きっとその職にふさわしい指導主事がおられたと思う。しかし、森さんが若者会の授業研究会に呼んだのは、指導主事ではなく、当時島根大学で輝きを放っていた山下さんなどだった。もちろん大学の教師だから呼んだのではない。山下さんは、数少ない現場に軸足を置いて実践研究を行っている若手の大学教師で、そこから学ぶことが多いと考えたからだ。恵曇小学校時代に、当時の荒川指導主事に食らいつき、週末には家庭まで日参した経歴を持つ二人なら、この程度のことは当たり前で、良いと思うことは迷わず実行するのも森流だった。

4.「国際理解教育研究会」

　第7章で述べたが、島根県内から公立学校教員として、初めて在外教育施設に派遣されたのは森さんである。それより6年前の1969年に国立大学附属校からの第1号として、ソビエトのモスクワ日本人学校に派遣されたのが、第4章で紹介した金森亮吉さんだ。その後島根県内からの派遣者数は少しずつ増え、私がエジプトに派遣される頃には、附属学校からの派遣と公立学校からの派遣を併せて、10名を超えるまでに至っていた。既に帰国した人の中には、全国組織である「全国海外子女教育研究会」に所属している人もいたが、島根県内では未だ組織化されるに至っていなかった。

　そこで、登場してきたのが森さんだ。金森さんを会長として、会の立ち上げを図った。森さんは常々、昔いっしょに勤めた教師や海外での勤務経験がある教師が集まり、昔を懐かしんで語り合う同窓会的な会には、あまり興味が無いと言っていた。とは言っても、会員として集めるために声をかけたのが、在外教育施設で勤務し帰国した、いわゆる帰国教師であったことから、研修会を開催しても在外教育施設での思い出話が中心となることは容易に想定できた。そこで一計を案じ、会の初回の会合には、若き時代の森さんと奥原さんが、青年の船でいっしょに中国各地を旅した時の仲間である老舗の和菓子屋や精肉店の若社長などを呼び、その時の奮闘記をもとに世界の現実の厳しさについて、語り合うような会となるよう工夫をした。森さんはこの時の様子を、当時エジプトに派遣中であった私宛の便りで、面白おかしく伝えてくれた。

　その後あまり記憶に残るような活動をしていないが、名称は「帰国教師の会」から「海外子女教育研究会」へ、「海外子女教育研究会」から「海外子女教育・国際理解教育研究会」へと名を変えながら、その年に在外教育施設から帰国した教師の、言わば帰国報告会と化し、総会を兼

141

ねた年一回の研修会を開催する程度で推移していた。これではダメだと動き出したのが、会の事務局長をしていた森さんである。研修内容を帰国者の異文化体験中心から、在外教育施設での実践報告中心へと変え、松江市内の小学校で教育課程研究校として国際理解教育に取り組んでいる学校が出現した時は、当該学校からの提案発表を依頼するなど、研修内容を変化させていた。その延長上にあったのが、1994 年夏の研修会だ。講演の講師として当時、国際理解教育の実践研究の先達者であった多田孝志さんの招聘を、森さんに持ちかけたのは、全国海外子女教育研究会の元副会長の佐藤年秀さんだった。

　多田さんの講演に感動した森さんは、翌年、組織の根本的な改革に向けて動き出した。ちょうど私が、二度目の在外教育施設派遣で、ペルーのリマへ出かけ、国内に不在となった年である。それまでは帰国教員による海外事情報告や日本人学校での教育の実情報告が中心で、実質的に海外子女教育研究会であった会から、海外子女教育の名称を削り、「島根県国際理解教育研究会」と改称した。さらに、八雲小学校や本庄小学校で森さんの薫陶を受けた教師を中心に、帰国教師以外の教師が多数会員となった。これにより会員は従来からの会員である帰国教師と、森さんの心意気に賛同して参加した教師たちの両方が混在することとなった。二度にわたる改革で、研究会は大きく変化した。

　肝心の研究内容や方法は様変わりし、帰国報告も残したが、主体は授業研究が中心となっていった。これにより何名かの帰国教師が会から離れて行ったが、従来から会員として活動していた多くの教師たちは、会員として残り森体制の国際理解教育研究会で、共に活動することとなった。その後の活動については、前の章でも述べているが、多田さんをはじめ日本の教育をリードする講師を招聘した研究大会を積極的に開催し、県内では考えられないくらい、多数の参加者を集めた大会を開催し

　当時の島根県教育研究会長は、島根県国際理解教育研究会の会長でも
あった松浦厚さんだった。会は組織の再編中で、今が傘下の下部組織に
なるチャンスだがどうかという話があったが、それでは制約が多くな
り、活動が停滞してしまうとの意見が強く、森さんも同じ意見でこれを
断った。官製の研究会との違いを、はっきりとさせた。

ている。
　大改革を行った「島根県国際理解教育研究会」は、事務局長を森さん
とするほか、当時本庄小学校で教頭だった田部さんを事務局次長に据え、
その基盤を固めた。名称を見れば公的な組織の様に見えるが、実態は私
的な組織である。手作り、手弁当の会で、運営経費は会員から徴収する
会費のみ、何処へ出かけても出張旅費はなし、授業研究以外の研修会は
休日、事務局会や役員会は休日か夜となり、働き方改革が言われる昨今
からすれば、とんでもない会かも知れない。中身に魅力が無ければとっ
くにつぶれていてもおかしくない。在外教育施設から帰国した教師たち
の同窓会から始まった組織であるが、多くの人たちに国際理解教育の必
要性を感じ取らせ、研究する会へと変わっていった。教育を変えたい、
子どもたちを変えたいという純粋な願いだけが会を支えている。

5. 「森塾」
　教職員の年齢構成は年代によってバラバラで、バランスが悪いのが普
通だ。様々な条件が重なり、新規採用教員試験が難関となる年もあるが、
比較的広き門となる年もある。管理職への任用も同様だ。都道府県や政
令指定都市など採用の母体によって、選考方法や年齢制限などの条件が
異なる。選考の候補者となる対象者の数も、自治体によって異なる。森

さんは戦中（第二次大戦中）の生まれなので、教職に就いた同級生は他の年代と比べてそう多くないが、一つ上の世代は、「ひしめく〇〇代」と呼ばれ、当時の四十代後半〜五十代にかけての教員の、全体の数に占める割合は高かった。そのため管理職、とりわけ教頭への昇任試験は狭き門となり、昇任試験の下限年齢は43歳以上だったが、実際の受験者の年齢は若くても四十代後半、多くは五十代であり、中々の難関試験であった。

　「年齢待ちだよ」と揶揄されることさえあるその難関試験に、果敢に挑んだのが弱冠43歳の森さんだった。試験は教育関係法令の基礎知識及び運用方法と論文だ。教育論文なら全国で最優秀の実績があるほど得意とするところだ。法令についても、通称赤本と呼ばれる分厚い法令集の中身を、どこに何が書いてあるかほぼ覚えた。周囲の誰もが、試験の結果が不合格のはずはないと思っていたが、結果は予想外の不合格。選考試験であって競争試験ではないので、点数が高い人から合格させるわけではない。そう言われていたこともあり、仕方ないと割り切った。しかし、この程度でくじける森さんではなかった。結果は結果としてしっかりと受け止め、翌年には改めて過去の試験の傾向を調べ、対策を講じた上で再度受験し、居並ぶ諸先輩に先んじて合格している。

　森さんは、この失敗から多くのことを学んだと、後で述懐している。教育関係の法令について学ぶ中で、法令は規則なので、これに従う義務があるし、場合によっては罰則規定もある。しかし、毎日の学校現場では、法令通りにはいかないことも結構ある。こんな時に、法に違反しないよう回避して対応したり、場合によっては法に反することはわかっていても、これを無視したりすることが必要なこともある。これらは全て法令がわかっているから出来ることで、無知のまま正義感だけで対応するのと全然違うということがわかった。法令は昇任試験の受験のために

だけでなく、このような視点で見れば結構面白いし、これから管理職を目指す人や若い人たちも知っておいた方が良いと考えた。

　翌年新任教頭として、邑智郡の川越小学校に赴任した森さんは、常に先駆者だった。未踏の道に踏み入り、切り開いていく。受験のためだけではなく教育現場で実際に役に立つ視点で、法令を若手に伝えていこうと考えた。「森塾」の開講だ。初年度の塾生はその年に40歳となる三人で、その中の一人が私だ。何とこの年から、昇任試験の受験下限年齢が、突然43歳から40歳に引き下げられたのだ。県教委が管理職への若手教員の任用方針に舵を切ったのだ。それを受けて森さんの勧めもあり、春先頃から1〜2週に一回程度、夜の勉強会「森塾」が始まった。学習方法の一例を挙げると、ある法令の文言を読み、それはどの法令の何条に書かれているか答えることの繰り返しで学習を進めていく。途中で森さんがストップをかけ、その法令の適用事例を上げる。法令を上手に運用する視点で議論をする。ざっとこんな感じだ。時には法令はそっちのけでことの良し悪しを含む議論で熱くなり、そのまま終了などということもあった。

　塾生の中で最も優秀だったのは、「作文・日記指導」で一緒に机を並べた宍道さんだ。何と「ある事項の条文がどの法律の何条に書かれていて、それは赤本の何ページであるか。しかもそのことは、当該法令の下位の法令に当たる、施行令や施行規則の何条に、さらに県の条例の何条に詳細が書かれている。」とほぼ完璧に覚えており、後の二人はこれには歯が立たなかった。ところが8月に入り試験日が近づくと、宍道さんは突然、今年は受験しないと言い出した。法令がどういうものか良く分かったし、論文の練習も良い勉強になった。受験はもう少し後でするというのだ。森さんの診断によると、三人とも合格の可能性は充分にあったが、結局、この年に受験したのは私だけとなった。

ラッキーなことに森さんのおかげで何とか合格した私は、翌年から森さんの助手として、「森塾」のお手伝いをすることになった。森塾はこの年から、13 年間続くことになる。森さん不在で出来なかった年もあるが、助手として途中から内村さんも加わり、教頭昇任試験の受験者だけでなく、校長昇任試験の受験者も一緒に勉強し、内容も法令より論文の方が中心となっていった。教育現場で起こった具体的な問題に、どう対応するか。それはどの法令に則っているのか等について議論する。その議論は、もはや昇任試験対策を超えていた。森塾で学んだ人たちは 10 年間で、総計 40〜50 人、一発での合格率は、正確な数字ではないが、70〜80％を超えていたと思う。

6．「共創研島根」

　共創研（共創型対話学習研究所）は、2016 年 6 月、多田さんの呼びかけに賛同した全国の実践者、研究者等によって設立された実践研究を中心とした教育研究団体である。

　年に数回開催する研究大会では、多田さんはじめ理事等が推薦する、いずれも意欲的で質の高い実践発表や授業公開がなされ、会が終わった時には参加者一同、心地良い疲労を感じながらも充実感に満ちて帰途に就くのが常である。島根では古江小学校において研修大会が開催されており、関東エリアや関西エリアでの大会にも数名の会員が参加している。そこまでしてでも参加したい魅力的な会であり、やる気に満ちた教師たちの会である。

　所報（論文集）は年一回以上発刊し、特別号を含め過去 5 号発刊。多くの実践者、研究者の実践研究論文が掲載されている。過去島根からも、山口さん、荒川さんの論文が掲載されている。

　研究所の会員は多田さんとのつながりで、全国から集まってくる。研

修会にはみんな手作り、手弁当で参加しており、所長の多田さん以下、講師を含む全員が参加費を支払っての参加である。金銭のことはあまり言いたくはないが、県教委などが正規ルートで講演依頼をすれば、謝礼と旅費で数十万円かかる講師の講演が、講師謝金０円で聴ける会でもある。要はみんなが、それだけ熱いということだ。

共創研と島根の実践研究の結びつきについては、一昨年までは主として古江小学校での実践が中心となっていたが、同年に共創研古江大会を、島根県国際理解教育研究会との共催で行っている。国際理解教育研究会は、現在は持田さんを会長として、新たな方向性を探って研究活動を続けている。共創研の理念や方向と重なる部分もあるが、異なっている部分もかなりあり、共創研と島根を結ぶ組織として機能するには、やや難しいと考えられる。そこで昨年一月、多田門下生である山口さん、荒川さん、松岡さんと私が世話人となり、森さんを世話人代表とする「共創研島根」を設立するに至った。現在会員は十数名で、松江市と出雲市内の学校の教師等が参加している。

既存の「島根県国際理解教育研究会」については、重ねて会員となっている人もいるし、かつては森さんも、私もその中心メンバーであったこともある。そこでこれについては両者の特徴を出して住み分け、相互に支援し共存できたらよいと考えている。

「共創研島根」は、多田理論と実践を島根の若い教師たちにも学んでもらいたい。森さん以下の年長者もそのお手伝いをするという趣旨で、最初の会員募集時に、次のようなビラ（抜粋）を作成した。

　改訂学習指導要領では、「主体的・対話的で深い学び」の視点から授業改善の必要性が言われています。でも「主体的と自主的って何がどう違うのでしょう？」、「どうしたら子どもたちが目を輝かせて取り組む、意欲的な対話ができるのでしょう？」、「どうしたら深い学びが

できるのでしょう？」、その前に「そもそも深い学びってどんな学び？」、「みんな理念として大切なことはよくわかるけど、その方法がわからない」、もしかして、そんなことを考えている人たちに、とても耳寄りな情報を提供します。

　私たちはそのような疑問に答えるべく、次のような願いを持って研究を続けています。

　私たちの願いは、以下のように集約できます。

① 知識伝授型の授業ではなく、対話型授業（共創型対話学習）を実践する

　学校だけではなく学校と公民館や地域団体とが一体となった実践をめざす

② そこで私たちは意欲ある若い先生や、教育・子育てに関心がある地域住民の方の本グループへの参加を求めます。まずは研究会に参加してみていただき、「これはおもしろい」、「きっと役に立つ」と感じられたなら、ぜひ継続して参加いただきたいと思います。

　意欲ある皆様のご参加をお待ちしています。

こんな願いを持ちながら、昨年の1月、城西公民館の一室で第一回の研修会を開催した。実質第一回となる第二回研修会の講師は、代表の森さんで、「和紙づくり」の授業について昔日と同じように、本物の雁皮を持ち出して、参加者に手で触らせ、皮をはがさせて本物体験の良さを体感させると共に、昔と同じように語りかけた。久しぶりに気合の入った森さんの講話であった。参加した若い教師からは、本物の雁皮の皮をはいで感動したとか、実際にやってみれば楽しいと感じると思うなどの感想が聞かれた。

　以後毎月一回の定例研修会を重ねている。元々は共創研の下部組織的な会ではなく、「多田理論のもとに続けてきた教育実践を、島根で継続

148

したい、古江小などの素晴らしい実践が、市内、県内各地に伝わってい
ないのでこれを広めたい、子どもが心から意欲を持ち、取り組む授業実
践をして、モデルとしたい、若い教員を育てたい、学校と公民館や地域
団体、教委と一体となった実践に取り組みたい」という森さんはじめ世
話人の願いで始めた会だが、実践研究の方向が共創研と同じであり、お
世話をしたのが共創研のメンバーでもあることから、現在は共創研の研
究ともつながりを深めている。

第12章　海に懸ける男のロマン

― 実験考古学の試み ―

　丸木舟による隠岐島から本土への航海は、森さんにとって大きな夢の
実現だった。恐らく彼の人生のなかでも、最も輝かしいもののひとつで
あるに違いない。二度目の挑戦は、韓国から日本へ、日本海横断の航海
だった。直前に中止したものを含めれば三度の挑戦で、最後は航海の途
中で撤退だ。苦悩の様子について伝える。夢の続きはあるのか…………

1. 縄文の丸木舟日本海を渡る

　1981年、夏休みに入ったばかりの7月24日の夕刻、隠岐航路の本土
側の寄港地の一つである島根半島の七類港では、津田小学校の連達校長
はじめ多数の関係者が、その到着を今か今かと待ち受けていた。やがて
外海から七類湾に入る岬の突端に、異様なほどにまぶしく見える物体が
現れたかと思うと、見る見るうちに岸壁に近づいてくる。丸木舟に乗っ
ている森、奥原、門脇、錦織、岩迫の5人の顔がはっきりと見えて来だ
した。その表情からは少し疲れは見えるが、赤銅色に焼けた顔は、50キ
ロの海路を漕ぎ切った自信にみなぎっていた。「からむし2世号」はゆ
っくりと接岸し、5人のクルーは静かに立ち上がると、岸壁の感触を確
かめるように上陸した。湧き上がる拍手と歓声に応える一人一人の顔は、
大事を成し遂げた達成感に満ちあふれていた。折しも、この日は森さん
39歳の誕生日だった。

　これは、この歴史的な航海に参加できなかった私が、森さんから話を
聞きながら、丸木舟の到着を待つ側の立場に立ち、想像を交えて書いた
ものである。航海そのものは3日間にわたり、この5人以外にも桑野さ

んや和田さん、高村さん、池田さんなど数名がクルーとして参加している。またカメラマンとして航海の様子を撮影した出川さんや、伴走船の船長さん、ＰＴＡ会長の蔭山さんはじめ保護者のみなさん、海上保安庁の巡視船等々、多数の方々のご協力があっての快挙達成だったとは、森さんが良く口にする言葉だ。

２．実験考古学としての航海

　子どもたちは、社会科の授業で縄文時代の生活について学習した時、近くの遺跡から、黒曜石でつくられた石鏃やナイフ形の石器などが、出土していることを学んでいる。黒曜石は石器の材料として大変貴重で、黒曜石の石器や石偏が山陰両県はじめ各地で出土している。ではその黒曜石の産地はいったいどこなのだろうか。私たちと同じ小学校教師であり、からむし会のメンバーとも親しい関係にある考古学者の宍道さんは、隠岐島産ではないかという説を唱えている。それは隠岐島産と考えられる黒曜石の出土が、隠岐島に近い遺跡ほど多いという説得力のある理由があるからだ。

　問題はその黒曜石を、隠岐島から本土までどうやって運んだかについてであり、それについては証明できる出土品などの確たる証拠はまだなかった。黒曜石をどのようにして運んだのか、考古学を専門とする学者の間でも意見が分かれるところだったのだ。運搬方法として、考えられる方法はいくつかある。体に巻き付けて泳ぐという方法もあるが、これはほぼ不可能であると考えられるので選択肢から外した。では、動物のかわ袋や丸太を、浮袋代わりにして泳ぐというのはどうか。これなら可能性は高まるが、さらに筏説や丸木舟説、アシ舟説などいくつか考えられた。

　諸説ある中から、丸木舟説が優力であると考えた理由はいくつかある

151

が、豊かな森林があり木の文化が栄えた日本では、丸木舟の材料となる木が比較的容易に手に入ることと、丸木舟は他の方法と比べスピードが出しやすく、風波に関係なく方向が操れることなどが考えられた。

　丸木舟の制作が、津田小学校の校庭の片隅で連日連夜に渡り、白熱電灯の明かりの下で行われたことで、からむし会が丸木舟を制作し、隠岐島から本土までの航海を計画していることが、メディアからも注目を集め、新聞やテレビでも報道された。丸木舟が復元され、教師たちが航海するというニュースは、「大冒険」とした方が一般受けする。この航海には、生死をかけた大冒険という意味合いもあるが、そちらの方は、もしもの時に備えて対策は講じてある。となると、航海の本来の目的である実験考古学としての意味の方が重要になってくる。

　実験考古学とは、遺跡から出土する遺物や遺構がどのようにつくられ、使用されたか明らかにする学問のことで、からむし会が行った衣食住その他数々の体験は、実験考古学とまでは言えないかも知れないが、まさにそれに直結する活動であった。そんな中、黒曜石を積んだ丸木舟の航海が、天候にも恵まれて成功裏に終了したことは、少なくとも黒曜石を積んだ丸木舟で、隠岐島から本土まで運ぶことは可能であったことが、証明されたことになる。正に快挙だったと言える。これには、郷土の考古学者だけでなく、県外でも、航海の成功を高く評価し、拍手を送った学者も多数いた。

３．「新からむし会」の結成

　隠岐島からの丸木舟の航海以来、随分年月が経つが、森さんと錦織さんの間で「からむし会の再現」計画が持ち上がったのは、今から 10 年ほど前のことである。からむし会が解散してから既に 30 年近く経過していたが、元メンバーの結びつきは強く、新しい企画を立案し一緒に活

動したり、何もなくても時々は集まって旧交を温めたりしていた。前の章でも紹介したが同じ匂いを持つ二人の間で、再度丸木舟による航海の話が出てもおかしくない。「新からむし会」（第2からむし会）結成の話はとんとん拍子に進んだ。既に奥原さん、門脇さんが帰らぬ人となっていたことから、森さんにとって頼りになるのは錦織さんだけだ。舟づくりから航海まで、錦織さんに頼るところは大きくなる。航海の再現は、二人にとっては共通する大きな夢でもあった。

　丸木舟による「夢よ、もう一度」のプランとして二人が選んだのは、韓国の浦項（ポハン）から島根半島への300キロを超える日本海横断ルートだ。韓国の神話に、「2世紀の中頃にヨノランとセオニョが、日本に渡り王になった」という話がある。浦項から岩に乗って日本に流れ着いたヨノランは、日本人に米つくりや鉄つくりの技術を伝えた。夫の後を追って日本へ渡ったセオニョは、機織りの技術を日本に伝えた。二人は民衆に尊敬され、その後日本の王になるという話だ。一方、日本にもこれと呼応するような神話がある。韓国の新羅（シルラ）へ渡ったスサノウが、植物の種子を持ち帰るという話だ。

　錦織さんを中心とした日韓合同民話授業研究会は、2003年頃に、この話を教材とした授業を日韓両国の学校で行い、子どもたちの反応を比較する研究で高い評価を受けているし、錦織さんはこれを電子ブックや絵本にしている。神話の中でヨノランとセオニョ、スサノウが、日韓の往復のために使ったルートを、「丸木舟の航海」に使おうという案である。実験考古学の再現であり、何とも夢のある話ではないか。

　早速二人は人集めに動き出した。と言ってもかつてのからむし会のメンバーで、即戦力になりそうな人は他にいない。奥原さん、門脇さん、出川さんなどは既に故人だ。岩迫さんは普段松江市に不在だし、その他のメンバーもバラバラだった。前回の航海について熟知しているのは、

森、錦織の二人だけということになる。そこで通称「からむし会」の名称は残すものの、「日韓古代の道をたどる会」を誕生させた。メンバーはその大部分を刷新しなければならなかった。集められたのは、かつて二人と一緒に実践研究を行った若手の教師たち、仙田さん、神門さん、須藤さんなどだ。若手と言ってもそれは過去のことで、彼らは既に五十歳前後の年齢になっていた。公民館職員の佐々木さんもいた。

　三島さんなど若い教師もいたが、他の者は丸木舟の漕ぎ手としてはやや年齢が高いこともあり、森さんはその後、二十代から三十代を中心に、教員以外でこの航海に関心を持つ人たちを、メンバーとして加入させた。他にも原木を削り、形を整える作業など、丸木舟つくりを効率よく進めるために、森さん旧知の元大工さん、漁師さん、航海に当たっての伴走船として、森さんが購入した中古の漁船を整備する技師さん、外洋での航海に詳しい元外国航路の船長さん、潮流や風向などの気象条件を熟知するヨットマン、ヨットの指導者など、多くの人たちを加入させている。

4．「からむし4世号」の建造と航海

　さて、丸木舟をつくるには、それにふさわしい木材が必要だ。最初の作業は、まずは原木となる木材探しから始まった。森さんと錦織さんの情報網をフル稼働し、何とか見つかったのが松江市郊外の山中にあったもみの巨木だ。苦労して切りだしたもみの原木は、長さ約 10 メートルで、直径は一番太いところで約 0.8 メートルに切りそろえられた。これを丸木舟建造のための、当初の作業場とした「出雲かんべの里」まで運び、作業台の上に設置した。「出雲かんべの里」は、錦織さんが館長を務める松江市の伝承文化施設で、ここの空き地の一角を、作業場として借りることになったのだ。いよいよこれから丸木舟からむし4世号の建造に入る。と言っても私はここまでは作業に参加していないので、森さん

から聞いた話をもとに想像で書いた部分もあるが、ちょっとした問題も生じ、中々苦労もあったようだ。

　なお、「からむし4世号」という名称は、隠岐からの航海の時、試作で作られた三分の一モデルの1世号、隠岐から実際に航海をした2世号、同じく今回のモデルの3世号の後を受けて引き継がれた丸木舟の名称だ。私が丸木舟の建造に参加した時は、船の形がそれらしく出来上がり、内部もかなりのところまでくりぬかれていたころだ。縄文時代に原木を切って形を整えたり、くりぬいたりするのに使われた道具は、黒曜石製の石器だと考えられたが、ここでの作業で主力となったのは、チェーンソーだ。すさまじい轟音を上げながら木材を切り、くりぬいていく。チェーンソーは強力な電動工具だが、一歩使い方を間違えると大けがにつながる危険性もある。チェーンソーを使えるのは、錦織さんと元大工さんなどの限られた人だけだ。他の人たちは、荒削りの面を滑らかになるように斧やナタ、ノミ、カンナで削ったり、大量に出て来る木くずをかき集めたりする作業に当たる。最年長の森さんも作業に当たっては、その他組で活躍していた。もちろん私もそちら組で、お手伝いならぬじゃまをしていた。

　こんな作業が、毎週末の土曜日に一か月半くらい続いたであろうか。ある程度完成した丸木舟は、クレーン付きの大型トラックに乗せられ、宍道湖北岸の秋鹿地区にある「秋鹿なぎさ公園」まで運ばれ、宍道湖岸に置かれた。ここにはなぎさ公園が管理するヨットハーバーがあり、そこの支配人である榊原さんは、からむし会の一員だ。ここでは丸木舟建造の最終段階の作業を行った。船体はきれいに削られた後、湖面に浮かべてみたが、左右のバランスが良くない。どうも右側の方が少し重いようだ。再び陸に上げて、右側を少し削り微調整を繰り返した後、全体にFRPと呼ばれる防水加工剤を塗布した。「からむし4世号」のひとま

ずの完成だ。

さっそく試走をしてみることにした。定員は何名としたら良いか検討した結果、漕ぎ手が6人でかじ取りを入れ7人とした。櫂はまだ作っていなかったため、とりあえずカヌーで使われる軽くて操作しやすい櫂を使用した。森さんも私も、試走舟には乗らず様子を見守ることにした。舟はスタート前から、未だ少し右に傾いているように見えたが、とにかくスタートした。かじ取りが上手かったせいか進む方向はやや右に寄りながらも前進した。しかし舟が沖合い200～300メートルくらいまで進んだ時、小さな舟は崩れ落ちるように沈没した。クルーは伴走船に助けられ、沈没した丸木舟は別の船に引かれて、ヨットハーバーまで戻った。見事に失敗である。

失敗は織り込み済みである。これを生かすことが出来れば、より良い結果を生むことは、過去に何度も経験している。何度か微調整を繰り返し、とうとう丸木舟は完成した。完成を祝う会や進水式も盛大に行われた。

その後、舟はそこから水路を通り、宍道湖、大橋川を経て中海へ抜け、本庄港まで曳航された。しばらくの間はこの本庄港を基地として活動することになった。休日になると集まってきた会員たちは、試しにまず近くの大根島まで、航海してみた。片道30分程度だが、時速約5キロメートルの速度が精いっぱいだ。往復一時間を、カヌー用の軽い櫂を使用して漕いでも、少し汗ばむくらいだった。

会員の一人である山本さんの手によって、樫の木を削って作られた本格的な櫂も準備された。見るからに丈夫で重そうだ。櫂は航海の途中で折れてしまうことも予想され、これくらいしっかりしたものが良いだろうとの考え方だ。この重い櫂は、実際の航海では常に胸の高さ位をキープしておかなければならず、腕力が落ちてきた中高年には、大きな負担

となった。その後も休日になると会員たちが集まり、何回か航海の訓練を行った。距離と時間も次第に伸びていき、最初は境港辺りで引き返していたのが、境水道を通り抜け、島根半島の東端である美保関の地蔵碕をまわり、日本海の外洋での航海も練習した。外洋での航海になれてきた会員たちは、舟を本庄港から中海、大橋川、宍道湖と逆走し、宍道湖から日本海へ向けて開削された運河である佐陀川を下って、恵曇港まで航海し、ここからさらに島根半島沿いに西進し、恵曇港まで帰る航海を行っている。その時の総航行距離は 30 キロ以上に上っている。また別の日には、松江市の田和山遺跡から鳥取県の妻木晩田遺跡への古代交易ルートをたどり、宍道湖岸からスタートし中海、境水道を抜けて、日本海に面した米子市の淀江港に立ち寄り、古代体験に参加した子どもたちが試乗体験をした後、妻木晩田遺跡まで出かけた。

　丸木舟での航海の訓練を継続しながら、森さんは、浦項と島根半島を結ぶ航路や航海の時期などの検討に入っていた。多忙な公務の合間をぬって浦項まで出かけ、航海について先方の関係者と話し合いを行った。通訳を務めたのは、浜田市在住で日韓両国籍を持つ豊島さんだ。それまで日本側の通訳は主として、元島根県から韓国慶尚北道への交換職員として、韓国へ派遣されていた中道さんにお願いしていたが、諸事情によりその役は交代となり、豊島さんが担うことになった。

　彼はその後、本プロジェクトにおいて、重要な役割を果たすことになる。豊島さんの支援を受けて、錦織さんと森さんの二人で交渉をし、浦項市長の出雲市訪問に合わせて、同行した新聞社社長の松江市訪問まで話を進めたことは、二人の熱のこもった交渉のおかげである。後日行われた新聞社社長と松江市側の懇談の主要なねらいは、浦項市と松江市の友好促進であるが、新聞社社長は丸木舟に関心を示し、堀川遊覧船の乗り場近くまで移動していた丸木舟を視察している。これで、いよいよ浦

項―松江間の航海が実現するかと期待感が高まり、浦項市はからむし会の航海を支援し、予算をつけるところまで検討している。しかし自治体間の話は経済交流に留まり、それ以上進まずに収束した。

５．釜山から対馬へのルート

　浦項―松江間の「からむし４世号」による航海の計画は、順調に進まなかったものの、結成以来２年目を迎えた「新からむし会」は、２年目のメインイベントとして、計画していた出雲市の稲佐の浜から、美保関までの丸木舟による航海を目指して、訓練を再開させていた。稲佐の浜は出雲大社の西側の海岸で、東西に長く伸びた島根半島の西端に位置する。古事記に書かれた「国譲り神話」によると、高天原（たかまのはら）を治める天照大御神（あまてらすおおみかみ）が、出雲の国を治める大国主神（おおくにぬしのかみ）に、国を譲るよう要求したが、大国主神は、自分の一存では決められないので、美保関で釣りをしている息子の事代主神（ことしろぬしのかみ）に聞いてみる。今から使者が乗った早舟・諸田舟（もろたぶね）を美保関に送ると答えたというくだりがある。神話にある航路の再現である。島根半島を右手に見ながらその沖合いを横断する航路で、約100キロに及ぶ航海が行われた。途中恵曇港に寄港して一泊し、合計二日がかりの航海であったが、会員たちは航海に自信を深めていった。森さんはこの航海により、ある程度長い距離でも十分行けると確信を持ったようだ。

　３年目を迎え、丸木舟による航海は、大きな転換期を迎えた。当初の浦項―松江のルートは、神話というロマンがあり、話としては面白い。それに浦項市側も乗り気だった。しかし現実には、諸条件が整わず断念せざるを得なかった。そこで純粋に実験考古学として、日韓を結ぶ最善のルートはどこであったか、両国の遺跡から出土した遺物や気象条件な

どを調べて決めることにした。日本側からは森さんと錦織さんのほか豊島さんが参加した。豊島さんは釜山大学を卒業し、専門知識も持っているし通訳もできる。韓国側は釜山大学や釜山海洋大学の教授、伴走船の船長、その他の関係者で、韓国側は豊島さんとのつながりで参加している人たちが多い。

　最終的に決まったルートは、出発地が釜山から地下鉄とバスを乗り継いで、西方へ一時間半の距離にある巨済島（コゼド）の知世浦（チセポ）港だ。ここから比較的近い場所にある勒島（ヌクト）貝塚からは様々な出土品が出ており、同様の遺物が日本でも出土している。これについては、私は森さん、豊島さんと共に事前にこの場所を訪ね確認している。到着地の方も様々な方々の意見を参考にして、対馬北東部の比田勝港と決定した。韓国から日本へ渡るルートとしては、途中の島に寄港しながら航海を進めるのが、リスクが少なく確実だと考えられる。当時の人たちもそう考えたに違いないという意見には、森さんも賛成だ。となると出発地は現在、韓国本土と橋でつながっている巨済島の知世浦で、到着地が対馬北端に近い比田勝というのは自然だし、その後対馬から壱岐へ、壱岐から博多へという国内ルートも視野に入ってくる。

　丸木舟による対馬海峡横断プロジェクトは、いよいよ計画・準備の段階から実施の段階へと移ってきた。森さんは浜田の豊島さんとの連携を密にするため、事前の打ち合わせ等の会議を松江と浜田の中間に位置する大田市で開催した。丸木舟の韓国への輸送の問題や通関、さらには海上保安庁や韓国側の警備の問題、航海の伴走船、韓国側のクルー、両国の出入国手続き、通関、検疫それに出発地・到着地の宿泊先、陸上での人員輸送手段等々様々な問題があり、森さんは錦織さん、豊島さんその他の人たちとの打ち合わせに忙殺された。

　航海本番に合わせて、丸木舟を韓国へ輸送しなければならない。輸送

はまず、それまで本庄港に係留していた丸木舟をクレーン車で陸揚げし、
高圧洗浄機にて洗浄するところから始まった。船体に付着した貝殻を洗
い落とした後、八雲の藤田さんのトラックで浜田港まで陸送し、コンテ
ナに積み込んだ。このままだと輸入品扱いとなるため、「カルネ」と呼ば
れる免税のための書類を提出し、釜山港に到着後、税関を通過した。丸
木舟はその後、釜山港での海洋フェスタで釜山の人たちにお披露目され
た。このフェスタには、こちらからも、からむし会員が何人か参加して
いる。舟は航海の出発前には、伴走船に曳航されて知世浦まで運ばれ、
クルーの到着を待つことになった。

　2013年7月28日の出港をめざして、準備は着々と進み、4日前には
先発隊として豊島さん、森さん、錦織さんが釜山に到着し、最終確認を
行った。韓国チームの参加予定者も、満を持してスタンバイし、日本側
の参加予定者の本隊も、松江―博多間の夜行バスや、博多―釜山間の高
速艇のチケットを手配し、出発を待つのみとなっていた。現地では、24
日に関係者が集まり、当日の天候を予測し、実施かどうかの判断をしな
ければならない。現地で海洋の気象に詳しい人の話によると、決行予定
日の28日は、悪天候が予想されるとのことだった。森さんはプロジェ
クトの最高責任者として、韓国側のメンバー共々難しい判断に迫られた
が、最終的に「来年に延期する」との結論に至った。

来年こそはとの念を抱いて年を越し、2014 年の春になった。丸木舟は既に韓国に送ってあり、知世浦の民宿の軒下を借りておいてある。前年までは春になると航海の練習ができたが、それももうできない。丸木舟の航海の日程が検討され、最終的に 5 月 30 日が航海の日と決まった。日本側の参加予定者は昨年より大幅に減り、8 名となった。私は先発隊として、森さん、錦織さんと共に出発する予定であったが、またも出発前に航海の予定日が変更になった。その日は台風の影響を受けて、対馬海峡は荒天の模様と予想され、延期せざるを得ないとの連絡が韓国側からあった。

　二度目の延期は、一週間後の 6 月 6 日に決まった。これにより、5 月30 日決行に合わせて休暇や行事を調整してきた三島さんと野津さんが不参加となり、日本側の参加者は 6 名になってしまった。6 月 6 日の出航に合わせて、森さんと錦織さん、豊島さんの三人は先発隊で出発し、榊原さんと若手の河原さん、私の三人は翌日出発し、釜山で合流した。

　その日は釜山泊で、翌日は地下鉄とバスを乗り継いで、釜山から出発地の知世浦まで向かった。いったんその日に泊まるホテルに荷を下ろし、そのまま湾岸沿いの道路を歩いて、丸木舟が置いてある民宿へ向かった。一年ぶりに見る丸木舟は、思った以上に良い状態で保存されており、榊原さんの手で補修が行われた後、クレーンで海の上に降ろされ港まで移動、いつ出航しても良いように準備完了だ。

　夕刻になると、韓国側のメンバーが続々と集まって来だした。釜山海洋大学の学生と、釜山ダイバーズクラブの人たちが中心ということだ。みんな若く腕っぷしも強そうだ。その日の夕食は近くのレストランで一緒に会食し、ホテルで待機した。深夜になって再び動き出した。全員がタクシーに分乗し、韓国政府所管のものと思われる建物へ移動した。目的は、出国手続きだ。一人ずつ全員が、係官によりパスポートのチェッ

クを受け、出国スタンプが押印された。普通では考えられない特別措置だ。出国手続きが終われば、普通の旅行なら船上、機上、又は特別な部屋で出発まで一時待機となるが、ここでは再びホテルまで帰り、出発時刻まで仮眠が許された。

　午前3時ごろであったろうか。全員起床して、港へ向かうよう声がかかった。丸木舟と二艇の伴走船が係留してある岸壁には、夏とは言えまだ暗い中、海洋大学や伽耶大学の関係者などが集まり、簡単な出発セレモニーが行われた。日本側を代表して森さんも、簡単な挨拶をしている。最初のクルーは釜山ダイバーズクラブのメンバーだ。クルーの数を五名に減らしているが、今回の編成では韓国側の若者頼みになりそうだ。伴走船は二艇のヨットだ。その内の一艇は「ドレイク号」で、森、錦織、豊島の3人は、こちらに乗った。船長の金さんは韓国側の代表で、航海の意思決定にも加わっている。もう一艇は「シーカー号」で、こちらはドレイクと比べるとやや小型で、日本側の残りの3人はこちらに乗った。

　夜明け前、丸木舟「からむし4世号」と二艇のヨットは、静かに知世浦の港を出航した。波は穏やかで、さほどの支障は感じられない。天気予報でも大きな崩れは、報じられていない。「このまま、順調に進んで欲しい。」と誰もが願った。

　航海を始めてから一時間半くらい経ち、舟は、最初に漕ぎ手が交代する予定地点近くまでせまっていた。ところが、それまで知世浦の湾内を静かに航行していた丸木舟の様子が変化し出した。湾内を離れるに従って波が高くなり、わずかだが右側への傾斜も見られた。

　難しい判断だが、決断を迫られた。続行すべきか、中断すべきか、森さんたちが下した判断は「中断」だった。まだ出発したばかりである。この時点での決断は、断腸の思いであったに違いない。評価はいろいろあるが、沈没だけは絶対に避けなければならない。森さんらしい、勇気

ある撤退といって良いだろう。

　目の前には、まだ巨済島の山々が見えているが、すでに出国手続きを終えて洋上にある船は、出国済みでそのまま進むしかない。丸木舟が「ドレイク号」に曳航され、対馬の比田勝港の岸壁に横付けされたのは、すでに日が落ちて真っ暗になるころだった。日本への入国手続きのため、わざわざ対馬下島の厳原港の事務所から出向してきていた係官もすでに厳原に帰り、その日はヨットの中での宿泊となった。

　翌朝、厳原の出入国管理事務所から係員が出向し、入国手続きと通関、検疫が行われようやく上陸が許可された。航海は失敗に終わったが、韓国の若者たちは、比田勝街中のスーパーマーケットや免税店などに立ち寄り、つかの間の日本旅行を楽しんでいた。夕方には全員で温泉施設に行き、入浴して汗を流した。夜の慰労会では、さすがに意気は上がらなかったが、日韓のメンバー同士で親交を深め、合同事業の終了となった。森さんと錦織さんは事後処理のため残り、豊島さんは韓国へ、他の三人は、松江への帰途に就いた。

　森さんの三度にわたる対馬海峡横断の航海への挑戦は、三度目にしてようやく出港が実現、しかし途中で断念という結果に終わった。本章は、森さんの言わば「男のロマン」として執筆したが、足掛け４年に及ぶこのプロジェクトは、あっけない幕切れとなってしまった。

　本章は私が知る限り、書ける範囲での概略の記述であり、抜けていることがたくさんあるし、事実の誤認もあるかも知れない。あるいは森さんや錦織さんの思いとは違っていることもあると思う。そこら辺りはなにとぞお許しいただきたい。

６．夢の続き

　森さんは、本当に海が好きだ。40 年前にサウジから帰って来た直後には、「向こうでは、休日になっても外に行くところがないから、よく海に行ったんだ。」と笑いながら、ジッダの青い海や果てしなく続く海岸線、そこで獲れる魚やイセエビ、タコの話をしていたことを思い出す。

　まだ若かったこともあり、家族で恵曇の海岸へ出かけ、モリを片手に足ヒレをつけて潜り、魚獲りに熱中することもしばしばだった。大海原と対峙していると、新しいアイデイアも生まれるというものだろう。その森さんが、定年退職後の「海へのあこがれと男の夢」として位置付けた丸木舟による韓国から日本への航海は、このまま見果てぬ夢で終わるのだろうか。それとも大逆転はありうるか。

　口では「もうやめた」といつも言っている。だが、それでも、今もなおチャンスを窺っているのが森さんだ。丸木舟は、現在鳥取と島根の県境近く、中海に面した鳥取県ジュニアヨット連盟のヨットハーバーで、内藤翁が管理している。舟は十分に航行可能だ。あの無念のリタイアから 6 年の歳月が経つが、その間、内藤さん所有の「武雄ハウス」に集まるヨットやカヌーの関係者の人たちと共に、何度か航海の計画を立て、訓練も行ったが、実行までには至っていない。森さんは、今でも夢の続きを求めて「武雄ハウス」に通い、内藤翁らと夢を語り合う。それこそが森さんのエネルギー源なのかも知れない。

第13章 飽くなき挑戦の連続

― 日本の教育を変えたい ―

　森さんが地域でウオーキングをしていると、退職した今でも、「館長さん、歩いているのを見ましたよ」と、よく電話がかかってくる。それくらい森さんは、地域の人たちになじんでいると言うことだ。地域のリーダーとして様々な事業の先頭に立ち、なおかつ「日本の教育を変えたい」と言う思いを追求し続けた森さんの、17年間に渡る公民館長としての活動をふり返ってみたい。

1. 城西公民館長の17年間

　定年退職後の森さんの夢の一つは、海に懸ける男のロマンとも言うべき、丸木舟「からむし4世号による日本海横断」だった。こちらの方が、自分自身のためだとするなら、もう一つの夢は、地域への貢献と、学校教育への支援だ。17年前の4月、内中原小学校近くにあった旧城西公民館舎に着任したころから、森さんはよく学校との連携を模索していた。当時の内中原小学校には、本庄小学校で森さんの薫陶を受けた仙田さんがおり、仙田さんはここでも森さんから授業づくりの支援を受け、地域と連携し、地域の人材を活用した実践を行っていた。

　地域との連携のために、大きな役割を果たしたのが公民館職員の人たちだった。森さんは、城西地区に住んでいても、地域の実情や、地域のために貢献していただける人材についての知識・情報は、まだ十分とは言えなかった。それまでは教師にとっての地域とは、「その時に勤務している学校の校区」という元松江市の教育長だった瀬戸さんと同じ考えで、決して城西を軽視していた訳ではないが、勤務校の地域を大切にし

てきていたからだ。したがって地域に住み、地域とのネットワークを持つ公民館職員の存在は、地域を知り、地域活動に熱心な人たちを知る上で貴重な存在だった。中でもその後も森さんといっしょに、城西公民館に在職し続けた福田さんの存在は大きかったに違いない。

　それから17年経った2020年3月、城西の名物公民館長は、永年の在職にピリオドを打って退職した。公民館長の任期は、以前は2年間であったが現在は1年間で、継続任用される場合は毎年更新される。選任に当たっては地域の代表者会等の推薦を受けて、教育委員会が決定する。森さんは年度末が近づくと、周囲の人達に、「今年は辞める」と言うのがここ数年の常であったが、そうは言っても辞めることはなかった。いや、実態に即して言うなら、本人が辞めたいという意思を示しても、周りがそうさせてくれなかったというのが正確であろう。だから、今年も辞めないと考えていた人も多いと思う。

　松江市の公民館長は、「非常勤特別職」というあまり耳にしないような別の職名がついている。だが非常勤という言葉の響きとは裏腹に、実際は非常に多忙だ。私も過去、城西公民館の隣にある城東公民館に籍を置いたことがあるが、その多忙さと職責の重さは相当なものであった。初めて辞令をいただいた時に、「勤務時間は決まっていないので、普段は何時に出勤してもよいし、何時に帰っても良い。ただ災害時等には24時間体制でお願いします。」と言われたが、実際にはそう言う訳にはいかなかった。諸事情により私は4年間で退職したが、森さんは17年間に渡り、その勤務時間の無い勤務を続けた。森さんの多忙さは、恐らく私の比ではなかったであろう。

　森さんが公民館長を中々辞められなかった理由は、いくつかあったと考えられる。その最大の理由は信望の厚さであろう。公民館の役割は多様化してきている。元々の役割だった生涯学習のプログラムや場所の提

供の外、様々な地域活動の拠点としての役割が、さらに近年では市の末端組織の役割も果たしている。その中で頼れる公民館長として信望が厚かった森さんは、周囲からの続行要請を断り切れなかったのだ。「館長さん、来年もよろしくお願いします。」と言われると、「よし、もう一年頑張るか。」と考え直し、気が付いてみれば17年経っていたというところが正直なところだろう。

次に上げられる理由は、付き合いの良さと広さであろう。公民館には内部の活動組織の他、社会福祉協議会や自治会連合会などの多数の関連団体があり、森さんはそれらの一つ一つを大切にし、丁寧にお付き合いを重ねていた。酒席へのおつき合いも気持よく受け入れる。松江市から募集があった補助金付きの事業があれば、積極的にこれに応募し、採用されている。私利私欲はみじんもない。歴史や伝統文化、日常生活、学社連携事業、福祉、防災などについて、森さんがそれに応募するかどうかの基準は、その事業について地域住民がどれだけ期待しているのか、地域にどれだけ貢献できるかだ。

三つ目の理由は、手がけた事業の多さと他者との結びつきの強さだ。例を挙げれば、公民館の総務・企画部を中心として活動の輪を広げた事業がある。ここ数年同部を支えた小松原さん、榊原さん、祐源さんなどとの連携がよく、古民具収集やそれを使った体験活動では、地元の内中原小学校だけではなく、近隣の学校へも出かけ喜ばれている。子どもたちの育成に関わることだけでも、他にも多数取り組んでおり、特に隣の敷地に幼保園が建設されてからは、こことのつながりも深めている。

借り物とは言え、館舎を実質三つも持っているのは城西公民館だけだ。一つは、山陰合同銀行が末次支店を北支店に統合した時に、残された建物を借り受け、「城西ふれあいホール」として、様々な地域活動に活用している。公民館が内中原町から堂形町の新館舎に移転し、不便を感じて

いた人たちにとっては大きなプレゼントになった。森さんもしばしば足を運び、集ってくる人たちと親交を深めていた。

　もう一つの別館は、駐車場を挟んで公民館館舎の隣だ。「城西にこにこ交流館」と名づけられたこの建物は、元市立末次保育所の園舎で、広い園庭を持つので、屋外と屋内の両方が使え、使い勝手が良い。年間に何度となく開催されるイベント会場としても利用されている貴重なスペースだ。城西公民館の館舎と併せて利用される「城西まつり」の折には、延べ 4,000〜5,000 人の人たちが集まる一大イベント会場となる。これらは全て森さんの支援で再生あるいは誕生し、運営されているものばかりだ。

　したがって、森さんが退職してしまうと、トラブルが生じた時などに困るのは、城西の住民だと言いたいが、実際に一番困るのは公民館の職員ではないだろうか。これだけの量と質の事業は、森さんの存在と職員の献身的な支えが無ければ成立していないからだ。森さんとしては、この縁の下の力持ちに、感謝してもしきれないくらいだろう。森さんと同じ夢をいっしょに追いかけるのは、職員にとっても本当に大変なことなのだ。ここは、新館長さんの新鮮な発想と、手腕に期待したい。

２．名物館長のコラムより

　「松江市の名物館長」とは、地元紙が森さんの退職について報じた記事の、見出しに使われた言葉である。インパクトのある言葉であり、私もまったく同感だ。なぜ名物なのか地元紙でも森さんが手がけた数多くの事業について、詳細に紹介してあったが、私はその理由として、ちょっと信じ難いくらい多くの事業の実施とともに、森さんが公民館だよりに書き綴ったコラムのことを上げておきたい。

　市内の各公民館では、それぞれ独自に工夫を凝らし、月に一回程度「公

民館だより」を発行している。主目的は、月ごとの公民館行事の案内や、参加者の募集などで、非常に重要な役割を果たしている。公民館からのお知らせは、月によって多少は異なるが、非常に内容が多くＡ３用紙の裏表にびっしりと埋まることが多い。公民館の編集担当の職員は、館長のコラムのために、毎月スペースを作るのに苦労したことと思う。但し公民館だよりにコラムを掲載していた館長は、少なくとも私の在職中には、私を含めても数名くらいだったと記憶している。私のコラムはあまり評判が良くなかったが、森さんのコラムはいつも好評で、城西住民以外に愛読者が多数いた。実は、私もその愛読者の一人だった。

　公民館だよりは、当然のことながら各地区内の、自治会加入の全世帯に配布される外、市教委や市内の他の公民館にも送付される。相互送付されることにより、少なくとも市内の全ての公民館職員の目に触れることになる。多くの場合ざっと一読してそれで終わるか、自分の担当職務と関わりあるところのみを、少し詳しく読む程度だ。だが、「城西公民館だより」だけは違った。そのことを私が初めて聞いたのは、当時私がいた城東公民館の一人の職員からだった。毎月各公民館から送られてくる公民館だよりの中で、城西公民館の便りを一番楽しみにしているというのだ。森館長のコラムを読みたいというのが、その理由だ。同じような話は、他の公民館職員の何人かからも聞いたことがある。17 年間、毎月発行だから合計 200 話あまりに及ぶ。それだけでも大変なことなのに、その中身が面白い。他の公民館職員がこれだけ魅力的だと感じているのだから、城西地区に住んでおられる皆さんもそう感じたに違いないと思う。バックナンバーなら、今でも城西公民館の HP で閲覧できる。

　では、なぜそんなに魅力的なのであろうか考えてみたい。森さんのコラムには、いつもタイトルと書き出しにひと工夫を感じる。直球勝負の時もあるのだが、変化球が多い。真正面ではなく少し斜めの角度から見

169

ることが多いと、言い換えても良い。「何が書いてあるのだろう」と、そのタイトルに思わず興味を注がれる。例えば令和2年1月号では「ナンジャモンジャ？が未来を拓く」というタイトルだが、ナンジャモンジャが、「ひとつばたご」という樹木の別名であることを知っている人にとっては、「どんな未来？」と、また知らない人にとっては、「ナンジャモンジャ、それ何？」と聞き返したくなる。内容は市役所からナンジャモンジャの苗木を寄贈され、公民館の敷地や隣の幼保園に植えたということだが、森さんも熟考した上でのタイトルであったであろう。

　次に挙げたいのが、比喩表現のうまさだ。森さん最後のコラムとなった令和2年4月号では、「いつもトゲある態度で我が家に接するお隣ですが、そのお隣がとてつもなく貧しいとうわさされる中……」とここまで読むとドキッとする様な書きぶりだが、その後、「やたらに高価なミサイルを打ち上げ、存在を誇示するご近所様の所も軍隊が停止、感染が広がっているのでは……」とくると、ああそのことかと、ある意味でほっとして読み続けることが出来る。

　森さんのコラムの特徴をもう一つ挙げておこう。昨年度、平成31年4月号では、「ここはルーテル教会前、四十間掘にかかる通称あいさつ橋、皆さん、橋のたもとの石碑ご存じですか？「ああ、なんか建っちょうますね。」「なんですだらか。」「えっ、園山俊二？サァ、だあだね。」（それって誰？）」という文章で、この橋のすぐ近くに生家があった松江市出身の漫画家、園山俊二さんを紹介しているのだが、森さんのコラムには、必ずと言っていいくらい方言の出雲弁が登場してくる。他にもいくつか特徴はあるが、森さんのコラムが読まれる理由としては、これで十分であろう。とにかく面白いのだ。コラムの文章は、それぞれHPからの引用である。是非一度検索してみていただきたい。

3．手作りの紙芝居で

　公民館長が長くなってくると、森さんが取り組むことも、次第に学校から離れていることが多くなったように見えた。私がお隣の城東公民館に在職していた6〜7年前には、特にそう思えた。だが、どうやら私の認識は少し間違っていたようだ。森さんの頭の中では、現職の時代に、教育実践者としてやってきたことの継続・発展を、常に考えていたようだ。

　その一つが、城西にまつわる話の紙芝居作りだ。紙芝居と言えば自作自演で、プロ並みの読み手でもある錦織さんがいるが、森さんの紙芝居も中々のものだ。もっとも森さんの場合は、自分自身が読み手となるのではなく、熟達した読み手を呼び寄せているところが違う。最も新しいところでは、松江城を築城した堀尾吉晴の話だ。家督を譲った息子の忠氏が突然に急死し、三代目を継いだ孫の忠晴を支えて松江城を完成させるに至った苦労話の紙芝居は、市内の小学校へ貸し出されたり、公民館の高齢者学級でも演じられたりしている。松江城が国宝となったいきさつを、子どもたちにわかりやすいようにと、言葉や絵に工夫がしてある。城西地区の子どもたちは、紙芝居の上演を楽しみにしている。

4．学校と地域、行政、研究団体で授業を創る

　森さんは、教育現場の第一線を退いた後も、常に教育界の動向には熱い視線を送っていた。自分自身の最後の勤務校となった法吉小学校では、その年の3月末日、森さんの退職に敬意を表して東京からわざわざ松江を訪問した多田さんに対して、自分のために来ていただいたことには感謝するが、新年度から新しく法吉小学校に転任してくる教員向けに、「話す、聴く、対話する学習」の基本を教えて欲しいと、現職として最後の講演を依頼している。それは、法吉小学校で自身が先頭に立って実践し

た教育を、これからの時代を担う教師たちに引き継いで欲しいという純粋な願いでもあった。

　本章の最初の方で少し触れているが、館長就任後しばらくの間公民館の館舎は、内中原町にあり、内中原小学校も歩いてすぐに行ける距離にあった。学校へ出かけることも、学校から出かけてもらうこともよくあった。学校と公民館の連係は良くとれていた。しかし、この頃から話が本格化したのが、公民館の移転新築問題だ。森さんもこの問題に忙殺されたのだろう。さらに、新館舎が、内中原小学校から少し遠くなったことから、学校へ出かける機会も少なくなっていったようだ。

　松江市が進める小中一貫教育の研究の一環として、授業が公開されそれを参観する機会はあったが、それは森さんの思いを充足する様なものではなかった。森さんの中からしばらくは、授業研究という言葉は消えてしまったかと思われたが、それはそう見えただけであって、実際は森さんの頭の中でしっかりつながっていた。一昨年であったか、山口さんと私の二人で、共創研島根の設立について相談に行ったところ、二つ返事で承諾の回答が返って来た。恐らくその時には、すでに内中原小学校での学校、公民館、行政と共創研島根が協働して行う授業改革が、頭に入っていたことと思う。実はこの実践は、森さんがずっとその実現に向かって温めてきた実践の進化形であり、自身が公民館長を務める今だから出来ることだと考えていたようだ。

　昨年の2月ごろだったであろうか。森さんと山口さん、私の三人で、内中原小学校の校長室を訪ねていた。そこでは、森さんの学校と地域、行政、共創研島根が協働で創る授業構想や、それを実現し、深めるために多田さんを呼びたいこと、そのために必要な経費の一部を城西公民館が負担することなどについて説明し、ご理解をいただいた。多田さんの昨年の島根への来県の機会は、6月と11月の二度あったが、その内の

6月については2年生の道徳を、11月の授業については、5年生の総合的な学習を対象として、協働で授業創りをするという話し合いをした。

　4月には新年度となり、新しい学級担任が決定した。5年生担任の三人の中から、授業者として意欲を示したのは、若い江角さんだった。彼は、月に一回木曜日の夜に行う共創研島根の研修会には、熱心に参加した。当初森さんは、第二回目の研修会でその実践事例を紹介した「出雲和紙」の授業につき、対話型学習の視点から修正を加えて実施したらどうかと提案した。明確な返答は聞けなかったものの、私たちはそれで実施するものと思っていた。だが、ことは思ったようには運ばなかった。夏休み明けにそのことを確認すると、総合的な学習については、従来から学年で歩調を合せて行っており、5年生では、毎年、松江城を取り巻く「堀川」をテーマに学習をしている。5年生の学年会で協議した結果、学校全体で決まっている事なので、テーマを変えることはできないというのだ。森さんはそれまでに、江角さんを、栽培不能で自生するものしかないという雁皮が生育する場所まで連れて行き、本物に触る体験などを通して一緒に活動してきていたが、学年の意向とあればいたしかたなかった。学校も多忙だったろうが、一考して欲しかったところだ。

　それではと我々も方向変換し、「堀川」についての学習を支援しようということになった。教材研究のために残された時間は多くなかったが、江角さんを含めた5年生担任は、そこまで深刻に考えていなかったようだ。学習の全体計画を見せてもらったが、毎年同じテーマで、同じような学習を行うので、計画は小修正で実施できると考えていたからだ。

　ただその学習テーマを見て愕然とした。「堀川は松江の町に必要か」というものだ。内中原小には申し訳ないが、とても5年生が意欲をもって学ぶテーマとは、考えづらく、このテーマなら、中学生か高校生にとってふさわしいのではと考えられた。それにそのテーマがわかった時に

は、学習は既に予定時数の半分くらいは消化しており、大きな修正は不可能であった。彼らの計画によると、学習のまとめをするに当たり、グループに分かれて、松江城周辺の民家などを事前の依頼などなく突然に訪問する「突撃インタビュー」を行い、その結果と自分たちが調べたことを併せて、文章にまとめ、発表会を行うというものだ。

　子どもたちの学ぶ意欲を育てることを大切にしたい森さんは、江角さんと話して、計画の一部を変更することを提案し、江角さんも了解した。城西地域に住んでおられる多くの人たちの知恵をお借りし、何とか本物体験をさせてやりたいと考えたのだ。例えば「四十間掘」は、今の単位で言うと約72メートルの幅のお堀であるが、なぜ四十間なのか子どもたちに実感させるために、弓の名人を呼び校庭で弓矢を射てもらった。実際に放たれた弓矢は目標の四十間離れた的まで届かず、「四十間」は敵の弓矢が到達しないための距離であることが目の前で証明された。

　他にも堀川沿いに植えられている「むくろじ」と呼ばれる石鹸の役割をする木の実を叩いてシャボン玉をつくる実験、餅木の皮からの「とりもち」づくり、「杉鉄砲作り」と鉄砲遊び、「魚獲りの道具つくりと堀川への仕掛け」、魚を一時的にダウンさせるための「山椒の木の実つぶし」等々子どもたちが意欲をもって取り組む体験活動を、地域の人たちの協力で実現させた。子どもたちが、改めて堀川に興味を持つには、十分な活動だった。

　11月、地域住民や私たちの前で公開された授業は、「生き物にとって住みやすい堀川」をテーマに、ホシザキグリーン財団から講師を迎えて行われた。はじめに「ミドリガメ」と呼ばれる小さくてかわいらしい亀を見せ、後で同じ堀川に住む「アカミミガメ」、別名カミツキガメと呼ばれる外来種の亀を見せた。しばらく眺めたり触ったりした後で、「実はミドリガメの半年後の姿がアカミミガメであり、同じものであると明か

し、子どもたちを驚かせた。教室のあちこちから驚きの声が上がった。外来種のアカミミガメは捕獲したら、元の水域に戻すことが法律で禁じられている。「さあ、もし捕獲してしまったら、君たちならどうする？」というのが、この授業の課題だ。

　正解はない。対話をするにはもってこいの課題だ。自己内対話、グループ対話を経て、全体での対話でも子どもたちは様々な視点から発言をし出した。だが、この発言を深い学びに結び付けることは出来なかった。厳しいようだが、その辺りは授業者の次の発問と大きな関わりがある。それは今後の彼の研鑽に期待することとして、森さんのもくろみは、一定程度は成功したと考えて良いだろう。

　この授業の実践を支援するために、地域の人材、教育資源をフルに活用し、その意義について授業者の江角さんと、何度も粘り強く話し合い、公開授業まで持って行った。私もできる限りの協力はしたが、森さんの努力の比ではない。何度も挫折しそうになりながら、あきらめずに取り組んだ姿勢には本当に頭が下がる。授業者のためにここまでやってくれる公民館長など、日本中探してもそうそう見つからないと思う。森さんの偽らざる思いを語った文章が、公民館だよりの令和元年 12 月号のコラムの中に見られた。そこには、「先日、一か月近く、学習に押しかけて、お手伝いをした近所の学校、神聖なる教育の殿堂に水を差すわけではありませんが、積極的に地域に飛び込み、地域と共に授業を創り出す熱血先生、育っていますか。」と綴られていた。

　この一件について、本著をご一読いただいた方々はどうお考えであろうか。本来、学校が立案し実施すべきことである授業計画や内容に、横やりを入れているだけのように見えるかも知れないが、「学校のことは学校だけで行う」と言う従前の固定観念を打破しない限りこの取り組みは実現しない。とは言え、授業の実施主体は学校であり、教師である。

175

お手伝いの立場である森さんに出来ることは、ここまでであろう。

　実際に総合的な学習において、毎年、毎年新しい視点を加えて新しい取り組みをするのは大変なことだ。森さんや私たち共創研島根のメンバー、それに地域住民と一緒に、授業づくりから実践まで取り組んだ内中原小学校の教職員の皆さんにとっても、一つの試練であったであろう。見方を変えれば単なるおせっかいに過ぎないが、多忙な中、一緒に取組んでいただいたことに心から感謝したい。私たちの願いは、この取り組みをぜひとも、次の活動につなげていただきたいということである。

　あえて、一つだけ付け加えておきたい。学校と地域等が一緒に授業を創り、実践するということは、現在の学校の体制や考え方の中で、ある意味で勇気のいることだ。同様の問題を抱えながら、思い切った改革に踏み切れない学校や教師は多い。しかし森さんは、この取り組みを 40 年以上前から構想、実現し、成果を上げてきている。理想と現実のはざまで悩んでいる若い教師には、ぜひこのことを学んで欲しいし、管理職には後押しをして欲しい。今こそ、固定観念を打破すべき時なのだ。

5．日本の教育を変えたい

　ここ数年、多田さんの島根への来県は、山口さんが校長を務めていた学校が中心で、モデル校の役割を果たすべく 2017 年には島根で、共創型対話学習研究所の研修会を持った。対話型学習の在り方を追求した古江小学校は、多田さんの継続的な指導を受けて、期待通りの実践を披露した。森さんもこれを応援し、松江城を完成させた堀尾吉晴に関する実践の時には、自らの持ち駒とでも言うべき若武者隊や鉄砲隊などの人材を、古江小学校に送り込んでいる。古江小学校であろうが内中原小学校であろうが、それはどちらでもよい。「松江の、いや日本の教育を変えたい。」そのためにはまずモデル校で良い実践をし、そこからその実践を

広げていきたいというのが、森さんが良く口に出して言ってきたことだ。市長や教育長、県議、市議、それに市教委の幹部には、公的にではないが、今まで何度となく説明し、懇願してきた。

　今行われている教育改革は日本の歴史の中で、明治維新、第二次大戦後の改革に次ぐ、教育の大転換期であること、知識や技能の習得を中心としてきた教育から「主体的、対話的で深い学び」への転換は、掛け声だけでなく、実際の授業で実現しなければならない学びであること、そのためには、是非とも多田さんの力を借りてまずモデル校を育て、そこからその学びを広げていく必要があることなどを丁寧に説明した。そのことを森さんは、「今度○○さんと会う機会があるので、松江の教育の根本的な改革について話してみるよ」と、何度となく意欲的に語っていた。だがその○○さんと話した後で反応を聞いてみると、その度にあまり芳しい結果ではなかったという言葉が返ってきた。頭の中では理解していただけても、学校教育についての基本的な考え方や、思い切った施策の変更も必要なだけに、難しいのかも知れない。

　公民館の退職を前にした今年の2月、共創研島根の研修会で、古江小学校の神庭さんの事例発表を聞いた。共創型対話による算数の授業実践だ。これを聞いて「神庭さんの発表から、子どもたちが生き生きと学んでいる様子が伝わってくる。発表もすばらしい。」と称賛したのは森さんだけではなかった。この実践に続けて内中原小学校の、学校、公民館、行政、共創研島根が協働で授業改革を行いたいと考えていた。実はそれは森さんがずっとその実現に向かって、追い求めてきたことの一つでもあったのだが、森さんの退職によりどうなるのか。ぜひとも継続、発展させていただきたい………。モデル校として開花させたいというのが現在の願いだが、行く道は決して平坦ではないようだ。

第14章　追加の章「あなたならどうする」

― 究極の危機的状況の背景について考える ―

　森さんの一代記とでも言うべき「百見は一験に如かず」について書き始め、13 章まで書き進めてきた。本来ならここで終了となるところだが、もう一章、追加の章を加えることにした。それは私自身が当事者の一人であったあの「ペルー日本大使公邸人質事件」についての記述である。森さんの一代記とはすこし離れるが、事件勃発の際、国内で私を支援してくれたのが森さんだ。この事件について、森さんならどう考え、どう対応しただろうか考えながら読んでいただけたらと思う。

1．ペルー日本大使公邸人質事件

　「ドーン」と言う突然の凄まじい爆破音で、その事件は始まった。1996年 12 月に勃発したペルー日本大使公邸襲撃事件のことである。あれから 24 年の歳月が流れ、人々の記憶からは忘れ去られようとしているが、当事者だった私の脳裏には、今でも四半世紀前の光景が鮮明に甦って来る。当時日本大使公邸では、天皇誕生日を祝うパーティが催されていた。これを狙ったのは、トゥパック・アマルと名乗るテロ集団(自分たちは

【こぼれ話】⑲
　日本大使公邸人質事件が継続中、夜間は日本との連絡のため時差 10 時間の壁に悩まされて、極度に睡眠時間を削られ、昼間は子どもたちのケアに神経をすり減らし、疲労の極致に達していた私を、日本からのエアメールと電話で励まし続け、関係機関やメディア等との連絡のため、東奔西走したのが森さんだった。

テロではなくゲリラだと主張していたが）だった。映画の世界ではなく現実の出来事だ。低く、重い腹の底まで響き渡るような爆弾の音に続き、絶えまなく撃ち続けられる自動小銃の連射音は、その場に頭を沈め、ひれ伏した600名以上のパーティ参加者に、死の恐怖感を与えるには十分だった。

その日の夜中には、女性と高齢者など半数以は解放されたが、襲撃事件は、ここから占拠・人質事件へと発展した。私自身は、5日後に224名の他の人質と共に解放されたが、わずか5日の間に、夜中に暗闇の中でペルー警察との打ち合いが始まったり、風でドアが開くと突然爆弾が爆破したりして、そのたびに肝をつぶし、自分の人生もここまでかと思ったが、私が最も恐れたのは、「テロには絶対に屈しない」と繰り返すフジモリ大統領の強気な姿勢だった。彼らの要求は、服役中の仲間の釈放や国外への逃亡など4項目で、要求が受け入れられない場合は、人質は全員殺すというものだ。

ここは、「例え自分たちがどのような目にあったとしても、不条理な要求など受け入れるべきではない。」と、毅然として言いたい所だが、正直なところ心の中では様々な思いが錯綜し揺れた。頼りの日本政府は、フジモリ大統領支持を表明していたし、テロリスタの要求には屈するなという考え方は、多くの国の政府から支持された。一人一人に銃口を突き付けられたような緊迫感こそなかったが、「死」の一文字が脳裏を過った。どうにもならない。これはなるようにしかならない。そう考えた時から、今まで心の中でもやもやしていた何かが、少しずつ消えて行くと同時に、開き直りに近い余裕が生まれ始めた。そこからは、解放されるまで比較的冷静に物事を考えることが出来た。

この後も数名の人質解放があったが、ペルー政府や軍の関係者、日本大使館員、日本企業トップなど70名余りを人質として残し、約4か月

の拘束が続くことになった。襲撃犯 14 名の内、元々のテロリスタは 3 名で、残りは僅かな金銭で雇われ、アマゾンのジャングルから連れて来られた十代の若者だった。肩を怒らせ、銃口をこちらに向けて威嚇する厳しさの反面、笑顔で人質と話し、カップ麺を一口食べて、「こんな美味しいものは食べたことがない。」と言いながら、家族への土産だと言って、それをリュックに詰める心優しき少年たちだった。

　事件の解決に向けて、ペルー政府とテロリスタの、互いに譲れない交渉が何度か持たれたが、解決の糸口がつかめないまま膠着状態が続いた。もっとも後で分かったことだが、ペルー政府には本気で交渉する気があったかどうかは疑問で、時間稼ぎをしていた節があった。

　その間ペルー政府は、公邸の敷地外から建物の下まで続く、公邸内に突入するためのトンネルの掘削工事を行い、完成させていた。97 年 4 月、トンネル掘削の事実を察知したテロリスタたちは、人質全員を一階から二階へ移動させた。しかし、ここで彼らは、大きな勘違いをしたようだ。ペルーでは、囚人を逃亡させるために、刑務所の獄舎の下から外部まで穴を掘ることは、さほど珍しいことではなかった。そのため、このトンネルは、人質を逃がすためのトンネルだと考えたのだ。フジモリ大統領は、彼らのその思い込みの裏を掻き、突入のための穴を掘った。

　多くの人たちは、フジモリの作戦はずばり成功したと考えたであろう。トンネルから侵攻したペルー軍特殊部隊は、公邸の床を爆破して、あっという間に公邸内に突入した。この様子は世界中でＴＶ中継され、多くの人たちに衝撃を与えた。何度か繰り返された爆破と、銃撃、炎上の末、70 名の人質を救出、人質 2 名と特殊部隊員 1 名が死亡、武装グループ（テロリスタ）14 名が全員死亡と言う結果は、日本とペルー両政府側から見れば大成功だったであろう。

しかし、衝撃的なＴＶ映像の裏には、そこに映し出されることのなかった事実も、たくさんあったことが、後に明らかになった。不意を突かれた武装グループの中には、二階の部屋にいた人質に、一度は銃口を向けながら、発砲することなくそのまま立ち去った少年がいた。特殊部隊員に対して、両手を上げて投降の意志を示しながら、射殺された少年もいた。全員射殺についてフジモリ大統領は「人質全員を無事救出することだけを命じた」とかわしたが、目撃者の証言によるとテロリスタの射殺は問答無用であり、フジモリ大統領の命令によるものだったと報道されている。

　事件が解決した後、様々な立場の人々の様々な意見が聞かれた。強硬突入そのものについては、大多数のペルー国民がこれを支持したことは、世論調査の結果からも明らかだ。武装グループが全員射殺されたことについて、批判的な論調の記事が目立つ日本のメディアに対して、現地ペルーでは、親政府系メディアの報道は、突入、射殺は当然のことであるとし、反政府系メディアでも仕方がないこととの報道だ。日本のある新聞社は、国家が正義で武装集団が悪という立場に立てば、全員射殺は正当化されるが、人道的な視点や国家が正義と言う視点を取り払って考えれば、今回の措置には大きな問題があり、もっと議論される必要があるとの論説を載せていた。

　この論説には私も同感だが、ここで一つ考えてみたいのはペルー国民の意見である。すべての国民の考えとまではいかなくても、メディアが国民の意見を代弁していると考えるなら、多くのペルー国民は、「突入、全員射殺」を肯定的にとらえていた。なぜなのか。それは、この国の二つのテロ組織の活動と、その背景にある貧困との戦いの歴史と関りがあるように思う。かつては日本からも多くの移民を受け入れたくらい裕福だったこの国だが、歴史の過程で貧困に喘ぐ人たちが増え続けた。やが

て政府の施策に反対する反政府組織は、武装集団となり、これを弾圧しようとする政府との間で抗争が頻発した。国民の中には、自分自身の親や兄弟姉妹などの親族や、親しかった友人などをテロによって失い、テロリスタに対する感情は、日本人など第三者の考えとは異なる、特別なものがあるように思われる。

　ペルー日本大使公邸人質事件は、こうしてひとまずの決着を見ることになったが、その間、リマ日本人学校の子どもたちはどうしていただろうか。子どもたちの中には、父親が人質として最後まで公邸に拘束された子どもたちが何人かいた。事件発生時は夏休み中であり、1月の上旬には3学期の開始予定だった学校は、様々な立場の人の意見を聞きながら、3週間遅れで再開した。学習の遅れを取り戻すために特別なカリキュラムに編成し直し、いくつかの警備上の、あるいは安全確保のための措置を講じた。

　子どもたちは、この間貴重な体験をした。それは、どんな場合でも他者に対して思いやりの心を持ち続けなければならないことだ。他者への思いやりを持つことが、今の自分たちに課せられた使命だと感じて行動したからであり、一見楽しそうに遊んでいても、心から楽しめないという気持ちがあったようだ。子どもたちが事件について語ることは多くはなかったが、突入があった後初めての出校日、休憩時間のちょっとした会話の中で、父親が無事救出されたことを一緒に喜ぶ姿があちこちで見られた。さらに中学生になると、日本人全員を含む多くの人質の救出を喜ぶとともに、犠牲になられた方々への想いや、14名のテロリスタ全員の射殺についても話題にしている。特に両手を上げて投降の意志を示したにも拘らず、射殺された少年がいたことについては、総じて全員射殺はやりすぎと言う意見だった。しかし、子どもたちの話に耳を傾けていると、少しずつ意見が異なっていることに気が付いた。「テロリスタの

全員射殺」については、「そこまでしなくて良いのでは」と言う考えが多いが、それではどうしたら良かったと思うか？彼らを生かしておくと復讐があるかも知れないと考えるのではないか？との問いかけに対しては、子どもたちは口籠ってしまい、次の言葉が出てこなかった。

　特にペルー滞在期間が3年〜5年程度と比較的短期で帰国する子どもたちはそうだ。しかしその中でも自分の父親が人質として拘束されていた子どもたちは、「許せない気持ちはあるが、殺すべきではなかったと思う。」と揺れる気持ちを吐露し、違いを見せた。さらに、ペルーで生まれ、ペルーで育った一人の中学生は、「それでも彼らもペルー人だ」と一言しゃべって考え込んだ。彼女は、後日行われた中学部3年の国語の授業における短歌の学習で、その事実に思いを馳せ、次のような短歌を詠んでいる。

　「テロリスタ　怖いと人は　言うけれど　（ペルーは）私が生まれ育った国」　日本とペルーの両国の国籍を持つこの一人の中学生の心情が、痛いほど伝わってくる短歌だ。

２．アルジェリア事件から

　ペルー事件から16年経った2013年1月、北アフリカのアルジェリアで、アルカイダ系の武装集団が天然ガスの精製プラント施設を襲撃し、日本人10名を含む数十人を人質にする事件が発生した。プラント施設は数か国が参加した合弁企業で、日本政府は人命最優先を要請したが、事件は数日後、政府軍の攻撃により、武装集団と人質が50名以上死亡するという結末を迎えた。事件の詳細については良く分からない点が多く戸惑うが、人質の人命を優先するのか、それともテロに屈しないことを優先するのか、この種の事件が起こると、必ず迫られる選択に、アルジェリア政府が出した結論は、後者だった。

欧米諸国からは、アルジェリア政府の対応を支持する表明が出され、日本政府も最終的にそれに追随する形で、「責任はテロ側にある」と結論付けた。攻撃容認の考え方は、「大局的な見地」の大義名分の下、世界的にも多数派だと思う。多くのアルジェリアの人たちも、「仕方のない出来事」、あるいは「ベターな結末」だと考えたのではないだろうか。しかし、お亡くなりになられた方やそのご家族の立場に立てば、それはとうてい容認できるものではない。このような結末に対して、私は深い悲しみと強い怒りを覚える。

　人間にとって命は最も大切なものであるというのは、地球上の全ての人々に共通していると思う。しかし、このような事件が発生した時、多くの日本人のように衣食住が満たされていて、ことさら生命の危機を感じていない人たちと、テロが頻発し、生命の危機を日常的に感じている人たちとでは、考え方が大きく違ってしまうのは仕方のないことである。だからと言って安易に「力の論理」で良いのだろうか？　結果として少数の人質の犠牲の上に、多数の人たちの不安や恐怖を軽減し、世界平和に貢献したと考えることもできるが、それぞれの利害が交錯する中で、どう決断するかの決定権が政府側にあり、平等ではなかったことを考えると、アルジェリア政府の早い決断は、あまりにも性急で自国中心に偏していると思うし、仏・英・米や追随した日本などの支持声明も同様で、大国、強国のエゴと、少数、弱者の軽視を感じる。アルジェリア政府には、もっと慎重で粘り強い対応をして欲しかったと思うと同時に、残念な結果には心が痛んだ。

　この事件は、遠く離れた北アフリカの出来事だったが、実際に私たち日本人の生活と、どこかでつながっている他人事ではない出来事だと思う。一つの出来事について、立場が異なるとまるで違う考え方に分かれてしまうことは、私たちの日常生活でもよくあることだ。こんな時に双

方が相手の立場で考えてみることで、合意できることがある。お亡くなりになられた方々のご冥福を祈りつつ、このことを、私自身に言い聞かせているところである。

　ペルー事件とアルジェリア事件には、共通したところがある。一つ目が、それぞれの国に駐在する日本人を含む複数の人々を、武装したテロ集団が襲撃し、これらの人々を拘束し、人質とした事件であることだ。二つ目が、人質解放の条件として当該政府に拘束されている仲間の解放、逃亡先までの支援、金銭の要求をしていることだ。そして三つ目が、自分たちの要求が受け入れられなければ、人質の殺害を通告していることであり、最も重要なのは、要求が受け入れられなければ、人質を殺害すると通告していることだ。

　過去の例で言うと、ペルー事件の様にテロの犠牲者が少なくて済んだ事件は稀だ。ペルー事件とアルジェリア事件を比べてみると、双方とも政府側は、「テロには屈しない」と通告し、それについては一切妥協しなかった。しかしペルー政府は、その裏で策を講じていた。突入のためのトンネルを掘削するなどの周到な準備をしたり、日本大使公邸と同じ大きさ、形状のモデルハウスを作り、これを襲撃する訓練を積んだりした上で突入を決行し、人質の死亡者を最小限に留めた。これに対して、アルジェリア政府は早い段階で突入を決断し、政府側の被害は最小限に留めたが、多数の人質が死亡した。

　テロが暗躍した事件としては、国際テロ組織であるアルカイダによって起こされた2001年の、アメリカ同時多発テロ事件が良く知られている。ニューヨークの世界貿易センタービルに、航空機がぶつかり、黒煙を上げながらビルが折れ、崩れていく映像は、日本でも何度も放映された忌まわしい事件である。

アルカイダ系の武装集団は、現在でも中東や北アフリカなどの至る所で、暗躍している様子が伝えられている。日本人が犠牲になった例もいくつかある。特にジャーナリストの後藤健二さんが殺害された様子は、
　日本国内のＴＶニュースでも放映され、大きな衝撃を与えたことは、記憶に新しいところだ。
　「武装集団による人質事件が発生したら、どう対応するか？　人質がたとえ一人であっても簡単にテロリストたちを攻撃すべきではないとの考え方で良いか？　では、攻撃をしないとすれば、どうするのか？テロ側の要求を受け入れるのか？　それとも……」、苦渋の決断を迫られることになるかも知れないが、答えを出さなければならない。

３．マララ・ユスフザイの演説

　ペルー事件から 24 年経ったが、この問題は私の中で、永久の課題として、今でもずっと心の中に残っていることだ。そんなことを考えていた 7 年前のある日、一冊の本と出会った。その書名は「私はマララ」だ。その前年、2012 年 10 月、アフガニスタンとの国境に近いパキスタン北部のある村で、学校から帰るためスクールバスに乗った少女たちの前に、二人のイスラム過激派タリバンの兵士が乗り込んできた。銃口を突き付け、「マララはどの子だ」と怒鳴った。おびえる他の子たちとは一線を画し、マララは毅然とした態度で彼らと対峙した。次の瞬間に、銃口が火を噴き、うち一発はマララの体を貫通した。
　少女の名前はマララ・ユスフザイ、当時 15 歳だった。奇跡的に命を取り留めたマララは、翌年の 7 月、16 歳の誕生日の日に、ニューヨークの国連本部で開催された特別会合において、スクールバス襲撃事件のことや、母国パキスタンでは、タリバンによって女の子が学校で教育を受ける権利が、著しく侵害されている現状、教育を受ける権利の大切さに

ついて、人々の心を揺さぶるスピーチを行った。国連はこの日、マララの誕生日である7月12日を「マララ・デー」と名付け、世界中の子どもたちが無償で義務教育を受けられるよう考える日とした。

　マララが強い意志で立ち向かった様々な事件のことや、彼女の思いを綴った著書「私はマララ」が出版され、数か国語に翻訳された。マララのスピーチは、著書の中で紹介されている。タリバンの兵士に銃口を向けられても、毅然として対峙したことについては、「タリバンは、私たちを恐れています。仮に私が命を失ったとしても、教育を受ける権利の尊さに比べたらたいしたことではありません。これはキング牧師やマザー・テレサから学んだ非暴力の哲学であり、母から学んだ許しの心です」と述べ、さらに手を震わせながらマララを撃った少年については、「私はタリバンを憎んではいません。タリバンの子どもたちを含む全ての子どもたちに、教育の機会を与えて欲しいと伝えるためにここへやって来たのです」と、自分を殺害しようとした相手への想いも綴っている。マララは、瀕死の状態から生還した自分自身の変化について、「銃撃事件の前と後で、私の中で変わったことは何一つありません。心の中で弱さ、恐怖、絶望が死に、強さ、力、勇気が生まれた以外は」と語り、国連に集まった多くの人たちの前で、次のような言葉で堂々とスピーチを締めくくっている。「世界の無学、貧困、テロに立ち向かいましょう。本とペンを持って闘いましょう。それこそが、私たちの最も強力な武器なのです。一人の子ども、一人の教師、一冊の本、そして一本のペンで世界を変えるのです。教育こそ唯一の解決策です。まず、教育を」

　（参考・引用）―「わたしはマララ」　マララ・ユスフザイ著
　金原瑞人・西田佳子訳、2013年、学研パブリッシング―

　訳書からの引用が長くなってしまったが、思いの丈を吐き出すように人々の胸を打つ言葉が次から次へ飛び出してきた。

人質事件ではないが、究極の選択を迫られた時、銃には銃で対抗するのか、それとも死をも辞さず勇気をもって自分の意見を主張するのかの答えとして、マララは後者を選んだ。その理由として、例え自分が死んでも、後から大勢の人々が声を上げると言っている。マララが搬送されたイギリス・バーミンガムの病院で、奇跡的に一命をとりとめたのは、担当した医師らの努力もさることながら、運が味方したと言える。しかし、その運の強さも含め、選択肢の一つであったであろう。マララは翌年、歴代最年少でノーベル平和賞を受賞している。

　この話を、当時私が勤務していた公民館が、毎月発行している公民館だよりに、コラムとして掲載したところ、さっそく反響があった。内容はマララの勇気ある行動と、国連でのスピーチに感動したというものだった。70代の男性からは、さっそく書店に行き、「私はマララ」を買い求め、一気に読破したが、改めてパキスタンの人々が置かれた現状や、タリバンの活動について考えさせられたとのコメントをいただいた。中3の女の子の母親である40代の女性からは、少し難しいと思ったがコラムと著書の一部分を、娘さんに読ませたところ、マララの勇気に感激し、同じようにはできないと思うが、自分と同世代に、これほどの考え方や行動が出来る子がいることに驚いたと言い、親子で充実した話し合いの時間がもてたとの話も聞くことが出来た。

4. 究極の選択

　ペルー事件やアルジェリア事件以外にも、世界中で、人質を取って関係国の政府に、政治犯の釈放や身代金の支払い要求をすると言った事件が発生している。日本のメディアでは取り上げなかったり、大きな扱いでなかったりするものの、巻き込まれた場合は、それぞれ対応に迫られる。人質事件への対応としてG7（当時はG8）では、「テロには屈しな

い」、「身代金は払わない」ことなどが話し合われ、取り決めも行われているようだが、実際に事件に遭遇すると必ずしもそうはなっていない場合もあると聞く。人質事件の場合、その裏には、人質が解放されれば事件は解決したという考え方がある。しかし、実際には、事件が起きた根本の理由や問題点は、何ら解決されていないことが多い。

特にテロの背景に貧困がある場合はそうだ。荒涼とした砂漠地帯や、熱帯のジャングル、山岳地帯には過酷な自然環境の中で生活している人々がいるし、大都市のスラムには、その日の食べ物をその日に稼ぐその日暮らしの人々がいて、それぞれ環境に適応して暮らしている。これらの人々は、大自然に適応し、身を寄せ合い、日本人が忘れかけている互いの心と心がつながることや、支え合って生きることに喜びを感じる人たちだった。ところがそのような生き方や文化の間隙をぬって、貧困問題が生まれ、心の隙間にテロ組織が入り込んだと思われる。

テロ集団に攻撃され、人質を取られた上で、その解放の条件として、仲間の政治犯の釈放や、高額な身代金の支払いを求められ、応じなければ人質の殺害を宣告されたらどう対応するのか？ かつて、このような無理な要求に、「人の命は地球より重い」との名言を拝借し、日本赤軍のテロリストを釈放した日本の元首相がいた。しかし世界の事例を見ると、このような場合、軍や警察の攻撃により、テロ集団は射殺、人質も死亡と言う事例が多いようだ。テロ対政府の勝負は、人質及びテロリストの死亡と言う犠牲の上に、圧倒的に政府側の勝ちで終わっている。その意味でペルー事件は、大成功の解決だったと言えるのだろう。

「テロには屈しない」、明快で力強い言葉だ。しかし、本当に、これで良いのだろうか？ 「これで良い」、あるいは「仕方がないことだ」と割り切って考える人もあるだろう。「いや、もっと粘り強く話し合ってみるべきだ」と、答えたものの、「それでもだめなら、どうする？」かの質

間には、返答に窮することが多い。ペルー事件で軍の強行突入後に、どうするかと訊ねられた中学生たちの状況と似ている。

　この問いかけに対する返答のヒントになるかどうかはわからないが、日常的に銃を持ち、それを発射することに慣れた、元イスラエル兵の青年グループのメンバーの話によると、「パレスチナの無実の民間人が傷つけられ、人々の家と住民の生活が侵され、破壊されている。彼らが民間人の家を破壊するために行った非人道的な行為は、無感覚になり、銃を撃つことに慣れると、興奮するなど、楽しいと感じさせるくらい人間を狂わせるものである。ふと我に返ると、自分を取り戻し、自分たちが何をして来たか問い直す。」と証言している。

　　　　　　　　　（「沈黙を破る」土井敏邦著　2008年　岩波書店）

　冷静に書かれているが、恐怖心さえ覚える証言だ。無実の住民を攻撃した元イスラエル兵の視点から見た、矛盾する心の動きと、犠牲になったパレスチナの人々の実態が書かれていて心を奪われる。テロ活動について考えるヒントになりそうな気がするし、ひょっとしたら、問題解決の糸口の一つになるかも知れない。

　これで良いのかの問いかけに対する別の答えとして、パキスタンのタリバン襲撃事件の時、マララ・ユスフザイがとった行動や、自らの考えを明確に伝えた国連での演説を参考にしたい。置かれた状況が異なっているので一緒には出来ないが、マララを政府側の代表者(大統領)などに置き換えて考えてみてはどうだろう。さて、もしマララが大統領なら、どんな言葉を発し、どんな行動を起こすだろうか。マララは、自らが狙われた事件について、死をも辞さぬ強い心構えや、自分が死んでも、多数の人たちが後ろにいて、自分たちの意志を実現するし、それを可能にするのが教育だと訴えている。テロ集団の要求に屈せず、射殺してしまえば、一見事件は解決したように見える。しかし、力と力の対決は、ま

た次の力と力の対決を生むように思えてならない。

　いくら話してもなかなか相手に伝わらない、理解し合えないことは、私たちの日常生活の中でも、よくあることだ。対話の中で自己の主張を押し通すか、それとも相手の主張を受け入れるかの二極からの選択ではなく、再度相手の立場に立ち、あるいは視点を変え、少しでも受け入れられる要素があればそれを入れて新しい考えを生み出す姿勢が必要だ。多田孝志さんは、対話の過程で部分合意や、期限の設定など条件を設定した条件合意の重要性を提唱しているが、マララの母の言葉を借りれば「許しの心」ということになるのだろうか。時間はかかってもよい。現状より一歩進めた考えを持つこと、マララのスピーチは、そのような過程の繰り返し、積み重ねを指しているように思える。

　ペルー事件やアルジェリア事件のような、国家を巻き込んだ人質事件が発生し、人命を優先するのか、それともテロに屈しないことを優先するのか選択に迫られた時、さて、あなたなら、あなたがもし大統領だったらどうするか。様々な考えや意見が出てきそうだ。多角的な視点、豊かな発想でアイデイアを出し続けてきた森さんだが、この難問に対してどう対応するのだろうか。あのおでん屋の二階で、総合的な学習について語り合った時のように、みんなでゆっくり話してみたいものだ。

【森泰さんの経歴】

氏名　　森　泰　（もり　ゆたか）
1942 年 7 月 24 日生まれ　出生地　松江市

【自らの資質をじっくり育んだ時期】
＜基盤形成期Ⅰ＞
1949 年～55 年　　松江市立雑賀小学校
　　　　　動植物が大好きで山野跋渉の毎日
1955 年～58 年　　松江市立第三中学校
1958 年～61 年　　島根県立松江高等学校
　　　　　バスケットボール部の経験あり
＜基盤形成期Ⅱ＞
1961 年～63 年　　島根県立農科大学農学部林学科
1963 年～65 年　　島根大学教育学部編入学・教育心理学専攻
　　　　勉学に勤しんだ時期
　　　　林学から教育心理学へ、決意を新たに転身

【若さに任せて突走った時期】
＜教師としての基盤確立期＞
1965 年～68 年　　新規採用で匹見町立赤谷小学校教諭
　　　　　美しい自然に囲まれた秘境、匹見町での充実した日々
＜充実した青年教師期＞
1968 年～73 年　　鹿島町立恵曇小学校教諭
　　　　　奥原さんと出会い、二人で大活躍（大暴れ？）をした時期
　　　　　三重県青年の船にて、奥原さんと共に中国各地を訪問

1973 年～75 年　　松江市立母衣小学校教諭

<海外勤務で視野を広げた時期>

1975 年～78 年　　サウジアラビア・ジッダ日本人学校教諭

【持てる力を存分に発揮した時期】

<一教師として最も充実した時期>

1978 年～84 年　　松江市立津田小学校教諭

　　　　　全国小学校社会科教育研究大会にて授業公開

　　　　　縄文の竪穴住居建築外、縄文時代の一日の再現

　　　　　丸木舟からむし 2 世号にて、隠岐島―島根半島横断航海に成功

　　　　　教育実践論文で日本標準教育賞受賞

　　　　　　　同　上　　読売教育賞受賞

1984 年～87 年　　松江市立白潟小学校教諭

　　　　　児童と手作りの筏で嫁が島へ航海

【学校つくりの時期】

<管理職としてのスタート>

1987 年～90 年　　邑智郡桜江町立川越小学校教頭（単身赴任）

<人間の幅を広げた二度目の海外勤務期>

1990 年～93 年　　イタリア・ローマ日本人学校校長

　　　　　在外での学校経営の難問に苦慮した 3 年間

<充実した学校つくり期>

1993 年～97 年　　八雲村立八雲小学校校長

　　　　　文部省指定の音楽科教育課程研究校発表会開催

　　　　　第 1 回島根県国際理解教育研究大会開催

　　　　　教育長同行でイタリアへ職員旅行

1997 年〜01 年　　　松江市立本庄小学校校長

　　　　　　　　　　兼本庄幼稚園長

　　　　　　　　　日本国際理解教育学会実践研修会

　　　　　　　　　兼第 3 回島根県国際理解教育研究大会開催

　　　　　　　　　中・四国国際理解教育研究大会(野波大会)において

　　　　　　　　　野波小学校との共同授業公開

2001 年〜03 年　　　松江市立法吉小学校校長

　　　　　　　　　第 5 回島根県国際理解教育研究大会開催

【教職退職】

2003 年 3 月　　　　定年退職（島根県教職員）

【地域への貢献期】

2003 年〜20 年　　　松江市城西公民館館長

　　　　　　　　　松江市の名物公民館長として様々な事業実施

　　　　　　　　　丸木舟からむし 4 世号にて釜山―対馬横断に挑戦

2020 年 3 月　　　　松江市城西公民館館長退任

2020 年 4 月〜　　　夢の続き

【著書】

「人間を大切にする社会科学習」共著　1980 年　　　明治図書

「すべての子どもに学力を」　　共著　1980,81 年　日本標準

「縄文の丸木舟日本海を渡る」　　共著　1982 年

「異文化に暮らす」　　　　　　共著　1993 年

おわりに

　森泰さんは、「もり　ゆたか」と読みます。泰は「たい」とか「やすし」とも読めますが、間違えないようにお願いします。

　森さんについて書き始め、ようやく最終章まで辿りつきました。書き始めてから約5か月を要しました。何か書き溜めたものでもあれば、それを足掛かりに出来るのですが、それはありませんでしたので、遠い記憶の糸を手繰り寄せながら、また当時の資料を引っ張り出しての執筆でした。森さんとは付き合いが長いし、多くの活動を一緒にやってきました。様々なことについて話し合う機会もありました。だから多田さんから「森さんの実践について記録に残しておきたいので、森さんについて書いてみないか。」と勧められた時も、頭の中にはいくつかの出来事が浮かんできました。そこでいつものように楽観的に考えて、「それでは、やってみましょうか。」と、気楽に答えてしまいました。

　だが書き始めてみると、意外と覚えていないことが多いものです。正確に言えば、よく覚えていることでも、詳細はわからないことが多いのです。年号や場所、人名などは、他の出来事との関係で何とかつながりました。その他の内容でも、自分が一緒に関わったり、見たり、参加したりした出来事は何とか思い出します。しかし、森さんや他の人から聞いたことは、想像して書いた部分もあるので、若干事実と食い違うところがあったり、表現がオーバーなところがあったりすると思います。他意はありませんのでお許し願いたいと思います。

　話は変わりますが、私は、若い頃お世話になった下宿の大家さんのある言葉を、今でも忘れることができません。それは「世間ではよく、教員と〇〇の古手は役に立たないと言われているよ。貴方もそう言われな

195

いよう、今から地域のいろいろな人と付き合うようにしておいた方が良いよ。」との言葉です。中々手厳しい言葉ですが、私の未来に対する貴重な助言でした。森さんはその助言を、聞いていた訳ではないのですが、まさにその通りの生き方をしています。教育関係者は、森さんは元教師だと思っていますが、地域の人たちは、元教師と言うより、むしろ一人の地域住民であり、住民のリーダーだと思っています。とにかく、交際範囲が広いし、単独で行動することはまずありません。ほとんどが誰かと一緒に行動していて、親しく付き合っている人の数も半端ではありません。そのことが、森さんの教師としての力量を高めています。

　森さんについて、多田さんはよく、「自分は島根で森先生に育ててもらった。」と口にされることがあります。決してリップサービスなどではなく、私はこの言葉を何十回も聞きました。森さんは多田さんを再々島根に呼び、そのたびに課題を設定して講演を依頼しました。多田さんもまた森さんの期待を裏切らない講演で、それに応えるべく相乗効果を生みました。私の記憶にある限り、聴き手の興味関心や研修歴も内容も異なる講演を二日間で、三会場において依頼し、多田さんも三種類の異なったレジュメを用意して、講演をされたことを覚えています。多田さんは、そのような事実の積み重ねなどを指して、自分は森さんに育ててもらったと、心からそう思っておられるのだろうと思います。

　ふり返って教育実践者としての森さんの生き方や考え方を三つのキーワードで表すとしたら、「本物体験」、「つながり」、「授業創り」になると思います。一つ目、森さんは授業をするに当たって、とにかく子どもたちが楽しいと感じ、意欲をもって学習に取り組むことを大切にする人です。「本物体験」をさせることで、子どもたちの心を揺さぶり、知的好奇心を喚起することが出来ると考えられるからです。基礎知識の習得はもちろん必要ですが、「知識伝達が中心の教育」から「対話型の学び」へ

と転換することが必要だと考えていたのです。二つ目が「つながり」です。とにかく人と人、人とモノやコトとのつながりを大切にする人です。人と人がどうつながり、共に生きるのかは、共存から共生への教育の永久の課題でもあります。三つ目が「授業創り」と「授業研究」です。教師は「授業を公開し、他者に授業を見てもらうことで授業が上手くなる。」というのが、森さんの持論です。これに異論のある人はいないと思いますが、森さんはそれに授業創りの妙を加えます。大変な努力と研鑽が必要ですが、やりがいのある仕事です。森さん自身は、この仕事に果敢に挑み、道を切り開き続けてきました。

　私たちは、この三つをはじめ多くのことを森さんから学びましたが、それはこれからも続きそうです。森さんは最近「松江の、いや日本の教育を変えたい」と、周囲に漏らすことがあります。この人の言動には今でも目が離せません。おそらくは、サムエル・ウルマンが言うように、この世に命ある限り、永久に若さを失うことはないのでしょう。

　なお、本著の執筆に当たって、特に金沢学院大学の多田孝志先生には、公私ともにご多忙のところ、構想から執筆まで温かいご助言・ご支援をいただきました。また、三恵社の木全社長には全体の構成やカバーデザインなどについて、多くのご教示をいただきました。お二人をはじめ関係の皆さまには、心からお礼申し上げたいと思います。

　最後に追加の章として、森さんならどう対応したかなと考えながら、私自身の忘れられない体験談を追加しました。拙著「ペルーだより」の記述をベースに、その後の類似事件について調べたことの知見を加え、思いを綴ってみました。「森泰一代記」からは、外れてしまいましたが併せてご一読下されば幸いです。

2020 年 7 月　著者

【監修】

多田孝志

金沢学院大学教授　目白大学名誉教授　博士(学校教育学)
共創型対話学習研究所長
著書　「対話型授業の理論と実践」教育出版　外多数

【著者】

山﨑　滋

島根県松江市在住
共創型対話学習研究所事務局長

経歴
1970年島根大学教育学部卒・1971年島根大学教育学専攻科修了後、
島根県内小・中学校並びにカイロ・リマ日本人学校、県教育庁勤務、
2008年松江市立乃木小学校を最後に定年退職後、松江市教育委員会、
松江市城東公民館、ふるさと島根定住財団を経て現在に至る。

著書
「特色ある学校とカリキュラム開発」共著2004ぎょうせい
「ナイルのほとりから」1984年、「ペルーだより」1998年外

百見は一験に如かず
共存から共生へ　一人の教育実践者を追って

2020年9月16日　　初版発行

著　者　山﨑　　滋
監　修　多田　孝志

定価(本体価格1,900円+税)

発行所　　株式会社　三恵社
〒462-0056 愛知県名古屋市北区中丸町2-24-1
TEL 052 (915) 5211
FAX 052 (915) 5019
URL http://www.sankeisha.com

ISBN978-4-86693-249-1 C1037 ¥1900E